经济管理学术文库·管理类

自然资源资产离任审计政策后果研究

Policy Effect Research of Accountability Audit of Natural Resource

孙冀萍／著

图书在版编目（CIP）数据

自然资源资产离任审计政策后果研究/孙冀萍著.—北京：经济管理出版社，2020.6
ISBN 978-7-5096-7187-0

Ⅰ.①自… Ⅱ.①孙… Ⅲ.①自然资源—国有资产—经济责任审计—经济政策—研究—中国 Ⅳ.①F239.66

中国版本图书馆 CIP 数据核字（2020）第 098872 号

组稿编辑：杨国强
责任编辑：杨国强　张瑞军
责任印制：黄章平
责任校对：陈　颖

出版发行：经济管理出版社
　　　　　（北京市海淀区北蜂窝 8 号中雅大厦 A 座 11 层　100038）
网　　址：www.E-mp.com.cn
电　　话：(010) 51915602
印　　刷：北京玺诚印务有限公司
经　　销：新华书店
开　　本：720mm×1000mm/16
印　　张：13.5
字　　数：201 千字
版　　次：2020 年 8 月第 1 版　2020 年 8 月第 1 次印刷
书　　号：ISBN 978-7-5096-7187-0
定　　价：88.00 元

·版权所有　翻印必究·
凡购本社图书，如有印装错误，由本社读者服务部负责调换。
联系地址：北京阜外月坛北小街 2 号
电话：(010) 68022974　　邮编：100836

序

十八大以来，党和国家将生态文明建设上升到前所未有的战略高度。社会各界从不同角度、不同层次探寻解决之道，而审计治理机制作为资源环境治理的主要方式，起着举足轻重的作用。特别是十八届三中全会首次提出的"自然资源资产离任审计"，能为领导干部受托资源环境责任的履行和地区资源环境"善治"提供强有力的支持。因此，探讨自然资源资产离任审计有效性的检验尤显重要。而呈现在我们面前的这部专著《自然资源资产离任审计政策后果研究：理论分析与实证检验》正是这一问题的一个有益探索。

本书是孙冀萍在其博士论文基础上修改完善而成的，是孙冀萍攻读博士期间学习成果的集中体现。本书围绕"环境刺激意识、意识决定行为、行为导致后果以及宏观影响微观"的自然资源资产离任审计政策后果系统分析框架归纳和分析，并以自然资源资产离任审计政策提出及试点工作开展作为研究对象，采用双重差分方法从领导干部个人层面、地区层面及企业层面进行了实证检验。全书观点明确、脉络清晰、内容翔实，具有较高的理论价值和实践指导价值。

本书的突出特点之一是研究领域较新。相对于众多的自然资源资产离任审计研究文献，本书以该项审计政策后果为研究对象，以意识、行为及后果相关理论、受托环境责任理论、可持续发展理论以及其他相关理论为基础，在系统梳理了相关文献基础上，构建了"环境刺激意识、意识决定行为、行为产生后果"的系统分析框架,以此展开实证研究。研究发现,自然资源资产离任审计的确对地方政府领导干部意识与行为产生显著影响,并进而一定程度上改善了地区资源环境质量。

当然,本书也存在着一些不足。例如,涉及内容较多而对于某些问题研究还不够充分和深入,统计数据的缺乏使有些实证研究中的代理变量还不够客观、全面,还应继续深入,使研究结论更具稳健性。

前　言

随着"雾霾""水污染"等字眼频繁出现在我们生活中,人们越来越意识到,经济高速发展所带来的资源短缺、生态破坏以及环境污染问题已经刻不容缓。党的十九大报告中提出"加快生态文明体制改革,建设美丽中国",进一步强调了生态文明建设,出台了大量配套制度安排,而这些部署和要求能否真正落到实处,关键在于地方政府领导干部的理性选择。审计治理机制作为资源环境治理的主要方式,在其中起着举足轻重的作用。2013年11月12日,党的十八届三中全会在《决定》中首次提出探索编制自然资源资产负债表,对领导干部实行自然资源资产离任审计,这是国家保护自然资源资产、落实绿色发展理念、建设美丽中国、完善生态文明治理体系的重要基础环节。

根据情绪认知理论,个体接受外界环境的刺激,通常会发生心理和生理变化,从而影响其思考与行为。自然资源资产离任审计这一新兴审计制度,凭借其独立性、专业性、技术性,通过监督、评价与鉴证资源环境管理权力运行过程,并提供相关履责信息,具有约束和激励领导干部意识和行为,促使其更好地履责。随着该项审计试点在全国分阶段分步骤地开展,无疑向被审计领导干部传递出某种信号,增加了其"感知压力"。因此,对其研究并洞悉其导致的领导干部意识行为变化及政策后果,对于充分发挥领导干部自然资源资产离任审计职能,促进领导干部受托资源环境责任的履行以及实现地区资源环境"善治",具有极其重要的理论和现实意义。

本书按照"环境刺激意识、意识决定行为、行为产生后果"的逻辑，创造性地构建了自然资源资产离任审计政策后果的理论分析框架，在结合我国自然资源资产离任审计试点实践并在意识、行为及后果相关理论、受托环境责任理论、可持续发展理论以及其他相关理论分析的基础上，实证检验自然资源资产离任审计对领导干部资源环境责任意识、行为及地区资源环境质量以及相关企业环保投资规模的影响。

本书的主要发现：

第一，自然资源资产离任审计试点开展显著增加了领导干部在资源环境治理方面的注意力分配，进而增加了当地政府资源环境方面的制度供给。通过对经济发展水平、产业结构及法制化程度不同地区的进一步探讨，本书发现，较其他地区，经济发展水平低及偏重于工业产业结构的地区，自然资源资产离任审计试点开展的政策效应更为显著。

第二，自然资源资产离任审计试点开展显著加大了地方政府对地区资源环境治理的投资，并强化了对地区资源环境的监管，具体表现在地区污染治理投资额增加、环境监管机构增多等。进一步地，实证检验发现，自然资源资产离任审计政策对领导干部资源环境管理行为的影响，是经由领导干部资源环境责任意识提高实现的，且政策效应具有地区异质性。

第三，以土地、水、林木以及矿产资源资产状况、水资源质量和大气环境质量为研究对象，本书发现自然资源资产离任审计试点开展与试点地区土地资源资产状况、矿产资源资产状况间呈现显著正相关关系，而且试点地区废水排放量减少、万元工业产值二氧化硫排放量降低，大气环境质量及水环境质量得到显著改善。而这一政策后果与地方政府资源环境管理行为存在显著关系。进一步地，将地区分为东部、中部、西部和东北四部分，本书发现该项审计对东部地区资源环境质量影响更为显著，且显著降低了该地区的单位地区生产能耗，提高了地区绿色经济发展水平。

第四,自然资源资产离任审计试点的开展,带来地区环境遵守成本、环境标准的严格程度及环境管制强度的变化,促进属地企业扩大环保投资规模,特别是显著增加了重污染企业的环保投资规模。

本书的突出特点:

一是研究领域较新。相对于众多的自然资源资产离任审计研究文献,本书第一次按照"环境刺激意识、意识决定行为、行为产生后果"的逻辑创造性地构建了自然资源资产离任审计政策后果的理论分析框架,丰富了现有文献的理论边界。

二是第一次以实证方法系统检验自然资源资产离任审计政策后果。本书以领导干部自然资源资产离任审计分阶段分步骤试点这一准自然实验为新的视角,利用双重差分方法深入研究自然资源资产离任审计政策这一外部冲击对领导干部资源环境责任意识、行为及其后果的影响,有助于我们科学深入地理解该项审计活动,助力生态文明建设。

三是创新领导干部资源环境责任意识的度量方式。本书通过引入注意力与政府决策相关理论,以政府工作报告中资源环境管理相关文字所占比重来解释领导干部资源环境责任意识的变化,这为后续相关研究提供了借鉴。

四是本书研究结论丰富和拓展了环境规制效应的相关研究。

本书是孙冀萍在其博士论文基础上修改完善而成的,是孙冀萍攻读博士学位期间学习成果的集中体现。在整个研究过程中,凝聚了太多人的指导、鼓励和关心,特在此一并表示深深的感谢!

由于水平有限,编写时间仓促,本书在变量选取及数据收集、研究深度以及研究方法方面还存在着一定的瑕疵和不成熟之处。随着自然资源资产离任审计的继续推进以及资料的后续获得,还应继续深入地从多角度进行研究,以使研究结论更具稳定性。

孙冀萍

2020 年 3 月 6 日

目 录

第一章 绪 论 ……………………………………………………… 001

    第一节 研究背景与研究意义 ……………………………… 001

    第二节 主要概念界定 ……………………………………… 003

    第三节 研究内容与研究方法 ……………………………… 019

    第四节 研究创新与主要贡献 ……………………………… 023

第二章 文献综述 ……………………………………………………… 025

    第一节 自然资源资产离任审计基本理论文献回顾 ………… 025

    第二节 领导干部经济责任审计政策后果文献回顾 ………… 032

    第三节 环境规制效应的文献回顾 ………………………… 037

    第四节 自然资源资产离任审计政策后果的文献回顾 ……… 042

第三章 制度背景与理论分析 ………………………………………… 047

    第一节 制度背景 …………………………………………… 047

    第二节 理论基础 …………………………………………… 062

    第三节 自然资源资产离任审计政策后果分析框架 ………… 076

第四章　自然资源资产离任审计影响领导干部资源环境责任意识的实证检验 ………………………………………………… 083

　　第一节　理论分析与研究假设 ……………………………… 083
　　第二节　研究设计 …………………………………………… 087
　　第三节　实证检验结果及分析 ……………………………… 093
　　第四节　主要结论 …………………………………………… 105

第五章　自然资源资产离任审计影响地方政府资源环境治理行为的实证检验 ……………………………………………………… 107

　　第一节　理论分析与研究假设 ……………………………… 108
　　第二节　研究设计 …………………………………………… 111
　　第三节　实证检验结果及分析 ……………………………… 116
　　第四节　主要结论 …………………………………………… 129

第六章　自然资源资产离任审计影响属地资源环境质量的实证检验 … 131

　　第一节　理论分析与研究假设 ……………………………… 131
　　第二节　研究设计 …………………………………………… 133
　　第三节　实证检验结果及分析 ……………………………… 139
　　第四节　主要结论 …………………………………………… 151

第七章　自然资源资产离任审计影响属地企业环保投资行为的实证检验 ………………………………………………………… 153

　　第一节　理论分析与研究假设 ……………………………… 154
　　第二节　研究设计 …………………………………………… 158
　　第三节　实证检验结果及分析 ……………………………… 163

第四节　主要结论 …………………………………………… 176

第八章　研究结论及政策建议 ……………………………………… 177

　　第一节　主要研究结论 ……………………………………… 177
　　第二节　政策建议 …………………………………………… 180
　　第三节　研究局限性及进一步研究方向 …………………… 184

参考文献 ……………………………………………………………… 187

后　记 ………………………………………………………………… 201

第一章 绪 论

第一节 研究背景与研究意义

一、研究背景

随着"雾霾""水污染"等字眼频繁地出现在我们生活中,人们越来越意识到,经济高速发展所带来的资源短缺、生态破坏以及环境污染问题已经刻不容缓。党的十九大报告中提出"加快生态文明体制改革,建设美丽中国",进一步强调生态文明建设。在这样的背景下,社会各界从不同角度、不同层面探寻解决之道[①],其中,审计治理机制作为资源环境治理的主要方式,起着举足轻重的作用。2013年11月12日,党的十八届三中全会在《决定》中明确指出建设生态文明,必须建立系统完整的生态文明制度

---

① 1990~2015年,国家自然科学基金管理科学部资源环境政策与管理领域的基金项目从4.9%升到15.7%。

体系，用制度保护生态环境，并首次提出探索编制自然资源资产负债表，对领导干部实行自然资源资产离任审计。这不仅是中国审计制度的一大创新，也是资源环境治理研究增温的助燃剂。

近几年来，学者们对自然资源资产离任审计的基本内涵、基本要素、审计标准、审计方法等理论问题以及初步实践进行了广泛的探讨，仅2014年《审计研究》就发表了相关文章12篇，占刊文总数的10.4%。同时，截至2014年底，已经有内蒙古、山东、贵州、江苏、湖北等十几个省区对领导干部自然资源资产离任审计开展了试点探索，并于2016年对这些试点的开展情况进行了专项督察。随着社会各界对自然资源资产离任审计的关注与日俱增，"该项审计问责真的能够改进领导干部自然资源资产管理行为吗？""该项审计问责真的能够服务国家资源环境治理吗？"这些问题逐渐引起学界和实务界的重视。目前，学术界大多从理论层面分析其效果的必然性，缺乏数据的检验和证明，这为本书进一步深入研究和探讨领导干部自然资源资产离任审计提供了契机和基础。

二、研究意义

自然资源资产离任审计作为资源环境治理的重要方式，是我国经济新常态下重要的制度创新，洞悉其导致的领导干部意识行为变化及政策后果，具有重要的理论意义和现实价值。

首先，本书结合我国自然资源资产离任审计试点实践并在意识、行为及后果相关理论、受托环境责任理论、可持续发展理论以及其他相关理论分析的基础上，对自然资源资产离任审计的政策后果进行了系统的理论构建，为该项审计服务于资源环境治理提供系统的逻辑分析，为进一步研究提供基础。

其次，本书通过实证检验自然资源资产离任审计对领导干部资源环境责任意识、行为及地区资源环境质量以及相关企业环保投资规模的影响,证实该项审计确实改进了相关利益者行为,有助于科学理解该项活动存在的必要性。

最后,本书分析自然资源资产离任审计对地方政府领导干部意识、行为及其后果(包括地区自然资源资产状况及生态环境质量以及相关企业环保投资行为)的影响,为理解和提高"环境规制"提供一个新的有意义的研究视角,其实证结果也为该项审计提升地区资源环境治理效果、促进人与自然和谐共生提供了直接的经验证据。

本书通过尝试构建自然资源资产离任审计政策后果分析框架,并实证考察自然资源资产离任审计对领导干部资源环境责任意识、行为及其后果的传递效应及影响机制,一方面,有助于明确推进该项审计的实践意义,促进国家生态环境管理体制等制度的完善;另一方面,得出的实证研究结论,对领导干部资源环境责任意识、行为、地区资源环境质量以及相关企业环保投资行为方面影响的分析,为领导干部有效履行受托自然资源资产管理和生态环境保护责任,推进绿色发展、建设美丽中国提供指导,在其制定宏观政策、规范、标准以及决策执行等方面具有一定的参考价值。

第二节 主要概念界定

本书研究的立足点是自然资源资产离任审计对地方政府领导干部受托资源环境责任履行的影响,但考虑到"领导干部自然资源资产离任审计"是我国首次提出的新兴审计制度,因此,首先厘清涉及的自然资源资产、自然资源资产负债表以及自然资源资产离任审计等基础概念,有助于更好地更深层次地探讨和研究。

一、自然资源及自然资源资产

科学界定自然资源及自然资源资产的含义，有利于更加深入理解和把握中央提出的生态文明建设和践行绿色发展理念的重大制度创新，并深刻领会领导干部自然资源资产离任审计实质，推动地方政府准确定位自然资源管理职能，加强各级政府、各部门横向、纵向联动，并为领导干部资源环境管理职责履行的监管提供科学依据。

从现有文献看，学者们主要从自然科学、管理学、经济学等角度定义和考量自然资源及自然资源资产，缺乏规范、明确、统一的理解，其分歧主要在于：

（1）自然资源是否等同于自然资源资产。联合国环境计划署将自然资源定义为"在时间、地点、条件确定的前提下，自然条件和环境的总和，其具有'产生经济价值、能提高人类当前和将来福利'的特征"。我国《〈中共中央关于全面深化改革若干重大问题的决定〉辅导读本》也将自然资源解释为一种自然环境因素的总和，具有"天然存在、有使用价值、可提高人类当前和未来福利"的属性。可见，广泛意义上的自然资源大体包括一个国家地理范围内自然形成的各类资源，主要集中在空间、物资及能量范畴内；而实际上，具有可执行意义的狭义范围内的国家自然资源，仅指一国法律范畴内规定的资源。多数国家在界定自然资源的范围时，采用枚举的方式。我国《宪法》则将"矿藏、水流、森林、山岭、草原、荒地、滩涂等"包含在自然资源范围里。然而，自然资源要转化为自然资源资产，需要具备稀缺性、有用性、产权明确三个主要且基本的特征。也就是说，自然资源资产是具有三个明确特征，即稀缺性、有用性、产权明确的国有自然资源，其中，有用性涵盖自然资源所具有的经济效益、社会效益及生态效益。

（2）自然资源与环境之间的区别及内在联系。①根据2014年修订后的《环境保护法》定义，环境是指"影响人类生存和发展的各种天然的和经过人工改造的自然因素的总体"，其中既包括天然的因素（如大气、水、海洋、土地、矿藏、森林、草原、湿地等，也包括经过人工改造的（如人文遗迹、自然保护区、风景名胜区、城市和乡村等）因素，也就是说，自然资源与生态环境之间具有共生关系。②在《中共中央关于全面深化改革若干重大问题的决定》（以下简称《决定》）中，对生态系统及聚居环境也有特定阐述，并明确将其纳入自然资源范畴。③在工业化进程中，若自然资源开发、利用及管理不当，也会带来环境问题，进而影响地区生态环境。因此，基于上述分析，本书在后续的章节中，将自然资源和生态环境均纳入到本研究中，以全面考察自然资源资产离任审计试点开展所带来的政策效应。

二、自然资源资产负债表

自党的十八大以来，国家对自然资源资产及生态环境保护的关注不断加强。党的十八届三中全会更是明确提出要"对领导干部实行自然资源资产离任审计"。作为自然资源资产离任审计的重要客体之一，"探索编制自然资源资产负债表"，就显得尤为重要。因此，本书需要界定"自然资源资产负债表"这一重要概念。

自然资源资产负债表作为一门新兴的交叉学科（刘明辉、孙冀萍，2016），由我国首次提出，是一个全新的领域。一经提出，就掀起了研究热潮。综观学者们的定义（见表1-1），仍存在矛盾或模糊的认识，在编制基础、核算主体、核算客体、计量手段及编制目的五个方面存在以下差异。

表 1-1 自然资源资产负债表定义主要差异

序号	作者	编制基础	核算主体	核算客体	计量手段	编制目的
1	耿建新等（2015）	①传统会计恒等式 ②依据SEEA 2012中心框架		自然资源存量价值	价值量计量	核算自然资源存量的价值
2	陈红蕊（2014）		当届政府	①任期内自然资源资产耗用情况 ②任期内生态环境的破坏程度	实物计量价值计量结合	考核领导干部在自然资源和生态环境方面的破坏状况或修复程度
3	张友棠（2014）			自然资源存量与消耗量	实物计量价值计量结合	确定：①自然资源开发带来的自然资源资产减损程度 ②环境质量恶化程度、生态系统退化程度 ③确立自然资源的承载限度
4	胡文龙（2014）	传统会计恒等式	生态责任主体	某一时点的自然资源静态存量		
5	林忠华（2014）	国家资产负债表的方法		国家或地区的所有自然资源资产		反映一定时间内自然资源存量的变化
6	王泽霞、江乾坤（2014）			特定地区在特定日期的自然资源资产状况		揭示特定地区特定时期的资产负债存量及其变动情况
7	黄溶冰、赵谦（2015）	传统会计等式		国家或地区某一时点自然资源资产数量和质量的变化		反映的是考虑了自然资源资产负债表关系之后的生态建设水平

资料来源：根据文献资料整理所得。

（一）编制基础方面

持"企业资产负债表方法"观点的学者（胡文龙，2014；黄溶冰等，2015）认为，自然资源资产负债表要体现自然资源资产与自然资源负债、权益之间的恒等关系，应采用会计学中的资产负债表工具编制，以反映"资产=负债+所有者权益"的平衡关系。持"国家资产负债表方法"观点的学者（林忠华，2014；耿建新等，2015）则偏重在统计核算体系基础上编制自然资源资产负债表，反映"资产来源=资产占有"的恒等关系。

本书认为，不论是哪种观点，资产负债表的根源在于复式簿记，其核心思想是"平衡"，其差别仅在于平衡的等式不同。观点一强调"资产＝负债＋所有者权益"的平衡关系，即在反映自然资源资产状况的同时，也要反映自然资源负债和自然资源权益的状况，特别是它们之间内在的逻辑关系。而观点二则基于宏观视角，强调"资源来源＝资源占用"的平衡等式。本书倾向于观点一，自然资源资产负债表应该遵循会计学的平衡原理，反映相应资产、负债与权益之间的内在关系，以更利于实现自然资源资产报表编制的初衷。

（二）核算主体方面

核算主体是指自然资源资产负债表涉及的编制主体，这方面观点较少。有学者（陈红蕊，2014）认为，自然资源资产负债表的核算主体应该是地方政府，有学者（胡文龙，2014）认为，是所有生态责任主体，包括企业、事业单位，乃至国家。

本书认为，要确定核算主体，首先要明确自然资源资产的责任主体。众所周知，在我国现行的法律制度体系下，国家享有自然资源所有权，但这一权利主体——国家，必须通过国家的代理主体——各级政府来行使其权利，因此，各级政府顺理成章地成为自然资源资产的责任主体。更具体地说，某地区的资源环境事宜，会追究该地政府的责任。此外，根据2015年7月1日通过的《党政领导干部生态环境损害责任追究办法（试行）》，"党政同责"要求意味着自然资源资产负债表的核算主体不能简单地归为政府，应该包括全部相关生态责任主体。

（三）核算客体方面

核算客体是指资产负债表所要反映的内容及对象。如前所述，一直存在着自然资源与生态环境间的分歧，因此，学者们对自然资源资产负债表核算客体的分歧也主要反映在是否包含环境信息，或者是以什么方式报告环境信息。

本书认为，自然资源资产负债表核算客体应该主要反映特定地区特定时点自然资源资产、负债以及权益的状况。而在自然资源开发、利用及保护的过程中，除了形成自然资源资产存量信息，还不可避免地牵涉到生态环境治理方面的信息。因此，自然资源资产负债表核算客体，不仅局限于传统意义上的自然资源范畴，还应该包括相关环境资源信息（王泽霞、江乾坤，2014），如自然资源的形成、开发、配置、运用、储存、保护、综合利用和再生等各个环节的情况。

（四）计量手段方面

在计量手段方面，有学者持"以价值量为主"的观点，也有学者认为应"采用实物计量与价值计量相结合的方式"。本书认为，这两种观点并不存在实质差异，只是在不同阶段的要求不同而已。目前，自然资源资产价值全面准确地利用货币计量仍存在困难，因此，采用两者结合的计量方式可能更加合理，但最终要实现价值量计量。

（五）编制目的方面

本书将自然资源资产负债表编制目的观点分为"可持续发展"观、"生态责任追究"观及综合观三种。

持"可持续发展"观的学者认为，自然资源资产负债表就是通过对自然资源资产的经济管理，加强对生态环境的保护，以实现可持续发展的目标。

持"生态责任追究"观的学者（胡文龙，2014；耿建新等，2015）认为，自然资源资产负债表通过"反映生态责任主体对于利用和保护资源环境方面所做出的努力"，服务于生态损害责任追究制度。

持"综合观"的学者（黄溶冰，2015），结合了上述两种观点，认为自然资源资产负债表最终是服务于生态文明建设的。

本书认为，自然资源资产负债表编制的目的是指编制该表所期望达到或应当达到的目标，具有开放发展性，会随着理论、技术、方法的进步而不断修正和补充。由《决定》可知，编制自然资源资产负债表的初衷首先是服务自然资源资产离任审计，落实生态损害责任追究制度，特别是落实领导干部生态环境损害责任追究制。因此，本书认为自然资源资产负债表的编制目的在于评价相关责任主体的自然资源资产管理和生态环境保护责任的成效。

根据以上分析，本书将自然资源资产负债表界定为：自然资源资产负债表就是借鉴会计学的平衡原理，以国家或地区所有自然资源的存量为考察对象，反映某一特定时点上相关责任主体的自然资源资产负债总规模及结构状况，旨在评价责任主体的生态建设成效的报表。为了更好地理解上述定义，就其中几个关键特征做进一步明晰：

（1）编制基础：会计学中"资产=负债+所有者权益"平衡原理。

（2）核算主体：所有生态责任主体。

（3）核算客体：自然资源资产开发、利用及保护过程中形成的信息。

（4）编制目标：评价相关责任主体的生态建设成效。

总之，自然资源资产负债表是反映责任主体自然资源存量的报表，为自然资源资产离任审计服务，是其重要的审计基础。

三、地方政府领导干部及其责任

（一）地方政府领导干部

从我国现有的政府体制来看，根据决策机制不同，我国的组织领导制度大体有三种制度安排：首长负责制、委员会制、分工负责制。在三种制度安排下，各级领导的权利、责任各有异同，主要体现在单位及个人的管理责任如何界定、如何区分以及如何考量等方面。

首长负责制，是把法定的决策权力集中在一位领导身上的体制，也称为独任制。

具体指各部门的首长在集体讨论的基础上，对本部门所管辖的事务具有最后决策权，并承担最终全面责任。在这种领导体制和决策机制下，单位管理责任和领导个人管理责任是同一责任归属的不同表现形式，即单位管理责任就是领导个人管理责任。

委员会制也称为会议型决策体制。在这种体制下，单位决策权力属于领导集体，决策权及管理权并不是由单一的领导所拥有，而是由一定数目委员所组成的委员会共同行使，通常会按少数服从多数、协商达成一致的原则来进行。在这种领导体制和决策机制下，单位管理责任和领导个人管理责任界限模糊，无法明确区分。

分工负责制是集体领导和个人负责相结合的制度。集体领导是实行分工负责制的基础和前提，分工负责是实现集体领导的有效途径和保证。在这种领导制度下，按照民主集中制的原则，科学安排主管领域，各负其责，同时相互制约，互相配合，明确每个管理人员所负的具体责任。在该种体制下，单位管理责任和领导个人管理责任有一定程度的区别。单位领导对本人具体承办的事项所应负的责任，是其承担的直接责任；主管责任则是单位领导按照具体分工原则，对其所分管的领域所应负的责任；领导责任则指单位领导对其不具体分管的领域，也不是领导个人具体承办的事项所应负的责任（郑石桥，2014）。

（二）地方政府领导干部资源环境责任

从语言的本义出发，"责任"在《辞海》中的具体解释为：一是"职责"、"义务"，从主观属性来说属于主动、积极层面，表示应该、应当、应做之事；二是相对于第一层面的定义，即未完成、未履行或不履行相应的"职责"和"义务"则须承担的负面后果。本书按照上述"责任"概念，仅将地方政府领导干部的资源环境责任这一具体范畴作为研究内容。因此，承继上述"责任"概念，"地方政府领导干部资源环境责任"在形式上也应该包括积极和消极两个层面：

（1）地方政府领导干部所应承担的资源环境职责和义务。具体地，其应承担的职责和义务包括：在所负责的辖区内提供公平、公开、公正的环境监管和监督环境、提供丰富且能满足各项审计需要的环境公共产品和公共服务、协调上下级及各相关部门的联动、相关的危险预防等。

（2）地方政府领导干部也是本行政区域资源环境事务责任的主要承担者，特别是不履行应尽资源环境职责和义务所必须承担的否定性后果。

四、自然资源资产离任审计内涵及其要素的界定

（一）自然资源资产离任审计[①] 内涵的界定

目前，理论界和实务界对自然资源资产离任审计内容及重点仍存在诸多困惑，也不统一，未能形成完整清晰的理论框架。究其原因，主要在于对自然资源资产离任审计的内涵和要素认识不统一。因此，本书认为，对其内涵及要素进行科学合理的界定，无疑是这一新兴交叉应用学科理论研究和实践发展的首要工作。

本书认为，领导干部自然资源资产离任审计是"审计机关按照相关法律、法规等标准，获取和评价审计证据，对党政主要领导干部受托自然资源资产管理和生态环境保护责任的履行情况进行监督、评价和鉴证，并将审计结果传达给预期使用者的系统化过程"。

（二）自然资源资产离任审计要素的厘定

对审计活动中最基本的元素——审计要素的理解，有助于更好地把握自然资源资产离任审计这一制度，并推动自然资源资产离任审计活动的发

---

① 党的十八届三中全会《决定》中，提出实施"领导干部自然资源资产离任审计"。该项审计的完整提法是"领导干部自然资源资产离任审计"，在之后，许多学者提出如"领导干部离任环保审计"、"领导干部资源环境责任审计"、"资源环境审计"等提法，无论哪种提法，其实质都是一个概念。为了行文方便，本章交替使用"自然资源资产离任审计"与"领导干部自然资源资产离任审计"。

展与完善。

一般来说,通过对审计要素的理解,就是要搞清楚自然资源资产离任审计活动中的基本问题。现有文献关于自然资源资产离任审计要素的研究并不多,主要观点如表1-2所示。

表1-2 审计要素研究及简要评价

部分学者	基本观点	简要评价
陶玉侠、谢志华（2014）	包括五要素：审计目标、审计主体、审计客体、审计方法及审计结果与应用	①强调"谁审计""审什么""如何审计""审计结果如何体现与利用" ②将审计目标包括在审计要素内,但两者分属不同层次 ③审计要素是为审计目标提供服务的
马志娟、韦小泉（2014）	包括三要素：审计主体、审计客体及审计内容	①强调"由谁审""审什么" ②没有囊括该项审计活动所有的基本问题

资料来源：根据文献资料整理所得。

我们认为,审计要素研究至少要解决"谁审计""审计谁""审计什么""依据什么审计""如何审计""审计结果报告给谁"以及"审计结果如何利用"等问题。从理论上讲,"谁审计"就是解决在自然资源资产离任审计活动中,由谁实施审计,即审计主体问题；"审计谁"要解决的是在自然资源资产离任审计活动中,主要审计谁的问题,即责任方；而审计对象的确定,可以解释在自然资源资产离任审计活动中"审计什么"的问题；审计标准及审计证据的分析,可以揭示在自然资源资产离任审计活动中,依据什么以及如何进行审计的问题；"审计结果报告给谁"则涉及自然资源资产离任审计预期使用者要素；审计结果要素能解决"审计结果的运用"问题。此外,这七个方面也是当前自然资源资产离任审计在实践发展中所面临的主要困难,也是自然资源资产离任审计试点工作试图完成的任务。

综上,本书将审计主体、审计客体、预期使用者、审计对象、审计标准、审计证据及审计结果作为自然资源资产离任审计基本要素,具体解释见后文及表1-3。

表1-3 自然资源资产离任审计要素解析

要素	对应的解释
审计主体	国家审计机关,包括审计署及其派出机构和地方审计机关
审计客体	受托承担自然资源资产管理和生态环境保护责任的相关领导干部
预期使用者	全体公众、各级人大、党政部门及其他利益相关者
审计对象	审计对象:领导干部受托自然资源资产管理和生态环境保护责任的履行情况 审计对象信息:反映其履责情况的自然资源资产负债表和其他信息
审计标准	正式规定:国家及部委颁布的与资源环境相关的法律法规、政策规定、规划计划、考核制度;地方性法规、规定及制度;未来出台的与自然资源资产负债表相关的准则 非正式规定:与资源环境有关的规则、惯例、指标
审计证据	审计人员用来确定审计对象信息是否与既定标准相一致的所有资料,可以包括:与约束性指标相关的审计证据;与政策落实相关的审计证据;自然资源资产管理相关的审计证据;与资源环境管理资金相关的审计证据;与突发事件处理相关的证据
审计结果	常规标题、主送单位、审计发现及审计结果、审计评价、审计建议

资料来源:根据研究资料整理所得。

1. 审计主体

根据一般审计理论,国家法律相关规定及委托人的授权,是确定审计主体需要考虑的因素。若是法定审计,审计活动由国家法律明文规定的审计人员实施;若是委托审计,审计师则由委托人授权。

就本书研究的领导干部自然资源资产离任审计来说,属于国家法定审计。那么,审计主体就根据国家相关法律规定加以确定。依据我国《宪法》第九十一条和《中华人民共和国审计法》第二十五条,对中央、各级人民政府以及相应职能部门负责人实施的审计活动,由国家审计机关执行。由此可见,自然资源资产离任审计的审计主体是国家审计机关,但这并不排斥在审计过程中对注册会计师、内部审计部门以及专家(如环境保护部门、国土资源部门、水利部、林业部等自然资源管理职能部门)相关工作的利用。

2. 审计客体

审计客体是指对审计对象或审计对象信息负责的主体,即责任方,而责任方界定的关键在于审计业务性质的确定。若是直接报告业务，审计客体是对审计对象承担责任的组织或人员；若是基于责任方认定业务，审计客体则可能是对审计对象信息承担责任的组织或人员，也可能是同时对审计对象负责的人员。

根据自然资源资产离任审计的直接目标，客观评价相关责任方自然资源资产管理和生态环境保护责任履责情况，我们认为该项审计并非仅依赖自然资源资产负债表这一信息载体，应将其定位为直接报告业务。因此，其责任方为受托承担自然资源资产管理和生态环境保护责任的相关领导干部。具体来说，在我国现行的行政体制下，并结合《党政主要领导干部和国有企业领导人员经济责任审计规定》第二条规定，自然资源资产离任审计的主要客体包括各级地方党委、政府、审判机关、检察机关，中央和地方各级党政工作部门、事业单位和人民团体等单位的党委（含党组、党工委，以下统称党委）正职领导干部和行政正职领导干部以及主持工作一年以上的副职领导干部。

3. 预期使用者

预期使用者，是探讨审计活动中"审计结果报告给谁"问题的，可以是全体公民、各级人大，也可以是党政机关以及其他利益相关者。

首先，国家自然资源资产由全体公民所有，那么，理所当然地，全体公民是广义上的预期使用者；"全体公民"这一抽象实体，其权力的行使依赖"各级人大"，因此，各级人大也是预期使用者。需要强调的是，各地公民与属地资源环境状况密切相关程度最强，那么各地公民则是最直接的预期使用者。

其次，从自然资源资产离任审计开展的政策背景来看，该项审计是服务于自然资源和生态环境保护的制度安排，那么在审计过程中发现的问题，相关部门要认真研究并及时改进，加以完善。需要追究责任的，还需要上报相关部门。因此，承担自然资源资产管理和生态保护责任的相关人员也是预期使用者。

最后，自然资源资产离任审计有利于生态绩效评价制度的完善，可以作为干部考核、任免、奖惩的重要依据，那么各级党政机关亦成为领导干部自然资源资产离任审计的预期使用者。

4. 审计对象

研究审计对象要素，首先要厘清审计对象、审计客体、审计对象信息之间的关系。审计对象是审计对象信息所反映的内容，是内涵的审计内容；审计客体是指对审计对象或审计对象信息负责的主体；审计对象信息是按照标准对审计对象进行评价和计量的结果。

从实施自然资源资产离任审计的现实意义看，其主要目的是强化自然资源资产管理和生态环境保护内容的监督、评价、鉴证，推动各级领导干部在实际工作中更好地履行相应责任，从而实现自然资源资产集约节约利用和生态环境安全。因此，监督领导干部自然资源资产管理权力行使的过程和结果，是该项审计的重点。也就是说，领导干部自然资源资产管理和生态环境保护责任履行情况就是该项审计的审计对象。具体来说，包括土地、矿产、森林、水等重要资源的开发利用管理和保护治理责任履行情况；水、大气、土壤、固体废物等污染防治责任履行情况；重点生态建设工程和生态脆弱地区生态保护责任履行情况。

自然地，反映其履责情况的自然资源资产负债表和其他信息是该项审计的审计对象信息。具体来说，其一，是自然资源资产负债表。如前所述，该表主要是反映被审计领导干部任职前后，属地自然资源资产及生态环境质量状况变化信息的载体，这是该审计的重要基础。其二，用以反映相关责任方受托自然资源资产"责任"的相关指标及信息，具体包括反映各级领导干部在开发、利用和保护各项自然资源资产过程中，负有的方针、规划、业绩、程序及合法受托责任的指标等。

5. 审计标准

标准是评判的准绳，审计标准则是评价或计量审计对象的基准。研究自然资源资产离任审计标准要素，利于有效监督与评价责任方自然资源资产责任的履责情况，并推动领导干部更好地履责。那么，自然资源资产离任审计标准到底应该包括哪些呢？这与自然资源资产离任审计的特点密切相关。由于自然资源资产离任审计要素的特殊性，除了常规审计标准外，还应结合国家及各地区经济社会环境的实际情况加以考虑。

基于这样的认识，本书认为自然资源资产离任审计标准包括正式规定和非正式规定。正式规定包括：国家及部委颁布的法律法规、政策规定、规划计划、考核制度；地方性法规、规定及制度；未来出台的与自然资源资产负债表相关的准则，如《中华人民共和国环境保护法》《国家生态保护红线——生态功能基线划定技术指南（试行）》《体现科学发展观要求的地方党政领导班子和领导干部综合考核评价（试行办法）》《省土地利用规划》等。非正式规定可以是规则、惯例、指标等，如针对特定地区领导干部就土地资源、水资源或森林资源方面履责情况所制定的规则；专业部门、主管部门发布或认可的统计数据；公认的业务惯例或者良好实务；反映资源开发利用、环境治理、生态修复等项目或活动绩效的指标等。

总之，适当的审计标准应具有相关性、完整性、可靠性、灵活性。在运用上述审计标准对领导干部履行自然资源资产管理责任的行为或事项进行评价时，应置于特定的经济社会环境中，客观准确地界定被审计领导干部履责情况。

6. 审计证据

从理论上说，一项审计活动完结时，审计人员要对被审计对象是否符合审计标准作出评判，发表意见并形成结论。为了保证相关审计意见和结论的稳妥可靠，审计人员必须获取足够的审计证据。可以说，审计过程就是收集证据、审查证据、评价证据并运用证据的过程（刘明辉，2013），是审计的核心环节。审计师在执业过程中，需要根据审计目标，依据法定权限和程序，确定需要的充分适当的审计证据。

在自然资源资产离任审计中，需要获取哪些审计证据呢？这个问题恐怕没有统一答案。自然资源资产离任审计要客观评价领导干部履行自然资源资产管理和生态环境保护责任情况。基于此，在审计过程中，可以获取以下有关证据：

第一，与约束性指标相关的审计证据。对于地方政府领导干部而言，完成国家法律法规及相关政策下达的任务，是其履行受托责任应达到的最低要求。因此，审计人员有必要获取领导干部任期内约束性指标，如土地资源、水资源、森林资源等资产管理和生态环境保护相关的约束性指标、生态红线考核指标、目标责任制完成情况等证据。

第二，与政策落实相关的审计证据。对于地方政府领导干部而言，落实国家颁布的法律法规及相关政策，是其履责的基本工作。基于此，在审计过程中，审计人员需要收集证实领导干部落实自然资源资产管理和生态环境保护法律法规的资料，以及相关政策措施执行情况的信息，以便于得出审计结论。

第三，自然资源资产管理相关的审计证据。自然资源资产管理工作，主要涉及自然资源资产开发、利用及保护事务。因此，在实施领导干部自然资源资产离任审计时，要着重收集领导干部对土地资源资产、矿产资源资产等资产开发利用事项的审批、管理情况的证据；收集证实领导干部在资源管理过程中，资产开发合法性、管理有序性及使用有效性方面的资料；收集反映领导干部生态环境保护状况方面的信息。

第四，与资源环境管理资金相关的审计证据。地方政府领导干部行使资源环境管理权力时，离不开资金的支持。因此，在自然资源资产离任审计过程中，审计人员要关注领导干部在行使自然资源资产管理和生态环境治理过程中，涉及的相关资金的征收、使用及分配情况，注重收集反映相关重大项目建设运营情况的证据。

第五，与突发事件处理相关的证据。领导干部在处理与资源环境相关的重大事件时，除了要及时处理外，更要注重相应预警机制的建立。因此，在自然资源资产离任审计实施过程中，审计人员需要收集领导干部生态环境保护预警机制建立与执行情况的证据。

与传统审计不同，领导干部自然资源资产离任审计对象涉及更广，因此，其证据的收集，不能局限于传统审计方法，还需要借助高科技手段，如无人机遥感测绘、智能监测等，以获取充分且恰当的证据。当难以获得直接证据时，审计人员应该借助分析性程序，从多角度比较分析，取得准确有效的辅助性证据。若无法获取所需证据，审计人员需考虑其出具的审计结论是否合理。

7. 审计结果

审计结果，是在审计证据收集与评价的基础上，所得出的审计结论，其一般以审计报告、审计建议、审计处理决定等形式呈现。

从实施该项审计的作用和意义看，自然资源资产离任审计结果，主要是为了完善生态环境绩效考核体系，让生态环境保护考核更具操作性。因此，其审计结果的应用主要是评价、考核领导干部在履职过程中对自然资源资产管理和生态环境保护的落实情况，是国家组织部门、人社部门以及上级部门考察领导干部的重要依据。自然资源资产离任审计结果除了包括常规标题、主送单位、审计发现及审计结果、审计评价部分，还应包括根据反映出的问题，分类提出审计建议。若问题具有典型性、普遍性，审计结果应提请有关部门完善相应制度；若问题是人为因素造成，需要追究领导干部责任的，审计机关应提出审计处理意见，并按照规定移送相关部门处理。

第三节 研究内容与研究方法

一、研究内容

本书主要以意识、行为与后果相关理论及公共受托责任理论为基础，首先在梳理现有相关文献的基础上，考察自然资源资产离任审计政策后果问题（为了行文方便，本书交替使用"政策效应""政策后果"等术语）。一个地区资源环境保护的关键在于地方领导干部的理性选择。而领导干部自然资源资产离任审计的实施，作为领导干部受托资源环境管理责任履行的重要机制，以其相对独立性和技术方法的专业性，既可以鉴证领导干部提供的相关信息的真实性，也可以直接提供问责信息，从而增加领导干部在生态资源环境领域感知的压力，引导其行为遵循指引方向，进而改善生态环境责任的履行。本书按照"环境—意识—行为—后果"的研究路线展开。全文按照技术路线图 1-1 的逻辑思路。

第一章，"绪论"，首先阐述本书选题的理论意义和现实价值，按照"理论分析—实证检验—形成结论及建议"的基本思路安排，简要介绍本书主要内容及采用的主要研究方法，并对核心概念及本书主要研究贡献加以阐释。

第二章，"文献综述"，对领导干部自然资源资产离任审计基本理论以及相关审计政策后果的文献加以回顾与评述。

第三章，"制度背景与理论分析"，首先介绍我国自然资源资产离任审计提出与发展的相关背景；进而以意识、行为、后果相关理论及公共受托

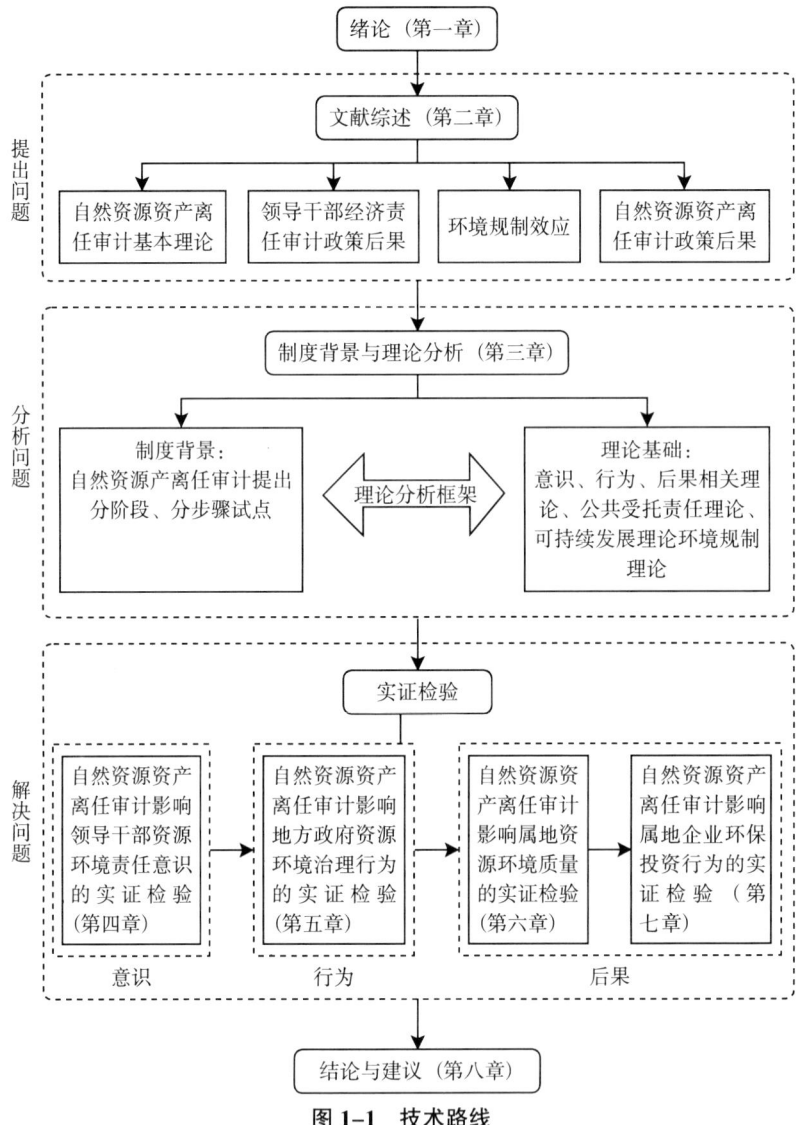

图 1-1 技术路线

责任理论、可持续发展理论、环境规制理论为基础,归纳和分析自然资源资产离任审计目标、特点及影响路径,在此基础上构建自然资源资产离任审计政策后果的系统分析框架。

第四章,研究自然资源资产离任审计政策对领导干部资源环境责任意识的影响。本章运用注意力与政府决策相关理论,以地方政府领导干部"注意力"指标为其责任意识替代指标,实证检验自然资源资产离任审计实施,作为问责机制的一部分,是否会通过领导干部激励结构和行为动机影响领导干部资源环境责任意识。"注意力"代表着领导干部对特定事务的关注,也意味着其精力投入。由政府决策相关理论,政府制定的公共政策亦是对特定时期内决策者注意力分配状况的直观呈现,其中《政府工作报告》是具有施政纲领性质的政策性文本,可以说是政府进行资源配置与精力投入的指挥棒,是政府注意力分配或者变化的重要载体。因此,本章手工收集30个省份及辖区内地级市多年的《地方工作报告》,并统计各地资源环境事务的文字表述在当年《政府工作报告》中所占的比重,以衡量地方政府领导干部在资源环境治理方面的注意力分配与变化,即领导干部资源环境责任意识指标。本书构建双重差分模型,通过对比政策发生前后处理组和对照组之间变动的差异,以检验自然资源资产离任审计政策对领导干部资源环境责任意识干预效果。

第五章,研究自然资源资产离任审计政策对地方政府资源环境管理行为的影响。人在意识的基础上产生行为,不同的态度可产生不同的行为。但有研究结果表明,环境意识与环境行为之间的关系远没有人们想象中的那么紧密,两者之间存在明显的落差和不一致。因此,在第四章的基础上,本章实证检验该项审计实施分别对领导干部资源环境投入行为及监管行为的影响。地方政府管理资源环境事务突出地体现在地方政府环境公共服务提供能力及环境监管能力等方面,本书分别利用污染治理投资额绝对值和污染治理投资额变化率以及地区排污收费及环境监察机构与人员的数量分别衡量地方政府资源环境投入行为以及资源环境监管行为。本书还检验了地方政府领导干部资源环境责任意识在其间的中介作用。

第六章,研究自然资源资产离任审计政策对属地资源环境质量的影响。本书运用双重差分计量方法,从土地、水、林木、矿产资源资产状态及大气、水环境质量等方面构建反映地区资源环境质量的指标，并将单位国内生产总值能耗作为经济可持续发展水平的替代指标，实证检验自然资源资产离任审计试点开展是否产生属地资源环境质量改善的效应，以及这些后果与地方政府领导干部资源环境管理行为的关系。

第七章，研究自然资源资产离任审计政策对企业环保投资行为的影响。作为市场经济主体的企业在环境污染与环境保护中扮演着重要角色。地区环境污染在一定程度上也是企业决策的结果。考虑到地方政府在资源利用和环境治理方面扮演的"中间人"角色，自然资源资产离任审计的实施，不仅对地方政府领导干部意识和行为产生影响，而且无疑向地区企业发出环境规制政策加强的信号，这可能会对地区相关企业的环保投资决策产生影响。本书从两千余份《社会责任报告》《环境报告》及《可持续发展报告》中手工收集企业环保投资等数据，发现上市公司的环保投资支出多集中在研发环保技术、改造环保设施及系统、污染治理支出、排污费等方面。由于企业不同的发展阶段及规模大小的差异会对环保投资有不同程度的影响，为使数据更有可比性，本书利用"环保投资总额/资产均值"衡量企业在一定时期内的环保投资规模，表示不同企业对环保的投入程度。

第八章，概括本书主要研究成果，对相关问题提出针对性的政策建议，同时指出本书在研究方法、数据处理等方面存在的不足和局限，并对后期可能的研究方向、创新思路进行展望。

二、研究方法

根据研究目标和研究内容的需要，本书综合运用审计学、会计学、管理学、环境资源学等多门学科的知识，注重规范研究与实证研究相结合、定性研究和定量研究相结合的方法，重点从实证角度对该项审计的政策后果进行综合评价，以期为该项审计的后续推广和应用提供可量化、操作性强的政策建议。

主要运用的研究方法具体如下：

规范研究方法，本书注重演绎和归纳相结合的定性分析。在梳理和归纳自然资源资产、离任审计基本理论、经济责任审计政策后果等领域的已有研究成果基础上，归纳总结领导干部自然资源资产离任审计的理论基础，提炼出已有研究的不足之处，从而确立本书的研究目标；综合运用意识行为后果、公共受托责任等理论体系，阐述自然资源资产离任审计对领导干部资源环境责任意识及行为、宏观后果及微观影响的作用机制。

实证研究方法，本书通过手工收集地方经济与环境等年鉴数据资料，建立相关模型，利用文本分析方法处理相关数据，并采用双差分回归法对领导干部自然资源资产离任审计的政策后果进行了实证检验。

本书从整合实证研究和规范研究的角度出发，认为实证研究与规范研究互为验证、互相促进，共同推动了领导干部自然资源资产离任审计相关理论范式的建立、形成、完善，更好地指导该项审计理论进一步发展和实际应用。

第四节　研究创新与主要贡献

本书在相关的理论总结、模型构建、实证分析过程中，主要在研究视角、研究内容、研究方法及研究观点上进行尝试和创新：

（1）本书第一次按照"环境刺激意识、意识决定行为、行为产生后果"的逻辑创造性地构建自然资源资产离任审计政策后果的理论分析框架，丰富了现有文献的理论边界。

（2）第一次以实证方法系统检验自然资源资产离任审计政策后果。现有相关研究较多地关注自然资源资产离任审计理论体系的构建，对自然资源资产离任审计政策后果缺乏应有的关注与检验。本书以领导干部自然资源资产离任审计分阶段分步骤试点这一准自然实验为新视角，利用双重差分方法深入研究自然资源资产离任审计政策这一外部冲击对领导干部资源环境责任意识、行为及其后果的影响，有助于我们科学深入地理解该项审计活动，助力生态文明建设。

（3）创新领导干部资源环境责任意识的度量方式。本书通过引入注意力与政府决策相关理论，以政府工作报告中资源环境管理相关文字所占比重来解释领导干部资源环境责任意识的变化，这为后续相关研究提供了借鉴。

（4）本书研究结论丰富和拓展了环境规制效应的相关研究。已有文献主要从环境规制对地区产业结构、地区绿色绩效、企业行为及竞争力等视角展开研究，与这些研究不同的是，本书考察了自然资源资产离任审计试点对地方政府环境规制的影响，进而对企业环保投资行为的影响。

第二章
文献综述

生态文明建设是一项系统工程,审计制度在生态文明建设中的作用日益受到重视。自党的十八届三中全会首次提出"探索实施领导干部自然资源资产离任审计"以来,越来越多的学者开始对这一新兴审计制度展开研究,然而现有研究多以理论研究为主。

第一节 自然资源资产离任审计基本理论文献回顾

为更好地落实绿色发展理念,完善领导干部生态绩效考核评价体系,领导干部自然资源资产离任审计应运而生,该项审计的实施,既抑制官员盲目透支环境、超前开发资源的冲动,事前预警,也纠正以往畸形的政绩观,事后追责,将生态文明建设的顶层设计落到实处,改善资源环境管理。同时,也对审计工作提出了新要求。该审计一经提出,就受到我国学术界广泛的关注,审计署和地方各级审计机关也积极开展试点和探索,但各方认识尚不统一,且多集中于该项审计的基本内涵、基本要素以及定性评价等领域。为更加规范地理解与领导干部自然资源资产离任审计相关的各项理论，本书对相关文献研究成果进行系统的回顾。

基于对现有文献的梳理和分析，已有研究多为规范研究，且对领导干部自然资源资产离任审计活动中最基本的问题，如审计主体、审计客体、预期使用者、审计对象、审计标准、审计证据及审计结果等审计要素尚不统一。因此，本小节着重从七个要素回顾相关文献，具体如表2-1所示。

表2-1 自然资源资产离任审计要素的文献回顾及简要评价表

审计要素	部分机构或学者	基本观点	简要评价
审计主体	安徽省审计厅课题组、戴克柱	一元论：国家审计机关	从该审计客体的特殊性、各审计主体的职责权限综合考虑
	陈献东等	多元论：国家审计机关、内部审计机构和社会中介组织均可能成为审计主体	基于自然资源资产保护的责任主体多元性考虑
	蔡春、毕铭悦	一元为主，多元参与	两者皆可
审计客体	黄溶冰、赵谦	责任方认定业务：承担自然资源资产负债表编制责任的组织或人员	突出强调自然资源资产负债表
	陈波等；刘明辉、孙冀萍	直接报告业务：为自然资源开发、利用和保护负责的相关部门、各级政府及其责任方	考虑该项审计制度安排的根本目的
审计对象	安徽省审计厅课题组	地方各级党委和政府主要领导干部	基于我国特有的行政体制及该项审计的目标，强调对"人"审计
	蔡春、毕铭悦、谷树忠	受托责任人履责情况	着重从该项审计目的考虑
预期使用者	多数学者	全体公民、各级人大、党政机关及其他利害相关者	从审计理论及该项审计开展的政策背景考虑
审计标准	张鲁娜等	正式规定；非正式规定	审计标准广泛，要结合实际情况
审计证据	林忠华等；多数学者	约束性指标完成、相关政策落实、自然资源资产开发利用保护、自然资源资产开发保护资金及重大生态破坏、环境污染事件处理的证据等	以领导干部任职期间履行自然资源资产管理和生态环境保护责任情况为主
审计结果	多数学者	常规的标题、主送单位、导语、被审计对象的基本情况、审计发现及审计结果、审计评价部分，还应包括审计建议部分	更加强调分类处理审计建议

资料来源：根据文献资料整理所得。

一、关于审计主体的文献回顾

"由谁审计"这一问题,理论界主要存在"一元论""多元论"及"一元为主、多元参与"三类观点。安徽省审计厅课题组、戴克柱(2014)从自然资源资产的自然属性及从事该项审计的主体角度出发,综合考虑其实际工作中的职责权限及便宜程度,认为国家审计机关是进行该项审计工作的唯一主体。首先,国家各级政府作为全体公民的代理人,对自然资源资产管理和生态环境保护负有责任;其次,该项审计的使用结果事关全局,只有国家审计机关具有相应的职责权限,社会审计等其他审计组织无力承担。陈献东等(2014)也主张,国家审计、注册会计师审计以及内部审计都应参与其中。毕竟,自然资源资产保护的责任主体,不应仅局限为政府的责任。相应地,审计主体也应该是多元的。国家审计机关、内部审计机构和社会中介组织均可通过不同的方式参与到自然资源资产离任审计工作中。除此之外,还有的学者赞同"一元为主、多元参与"的观点(蔡春、毕铭悦,2014)。

依据审计基本理论,确定审计主体首先要确定审计活动类型。若是法定审计,审计活动由国家法律明确规定的审计师实施审计;若是委托审计,审计师则由委托人授权确定。自然资源资产离任审计,属于国家法定审计。那么,依据《宪法》及《中华人民共和国审计法》,自然资源资产离任审计应由国家审计机关实施。

二、关于审计客体的文献回顾

研究审计活动中"审计谁"这一问题,其实质是要确定对审计对象或审计对象信息负责的主体,即责任方。而界定责任方,关键在于审计业务性质的确定。黄溶冰、赵谦等（2015）认为，自然资源资产负债表可以反映不同自然资源资产的增加、减少及其变动情况，是领导干部自然资源资产离任审计的重要依据。对于自然资源资产负债表，它既可以作为审计对象信息，成为自然资源资产离任审计内容的一部分；当然，也可以作为审计对象，对其单独开展自然资源资产负债表审计。陈波等（2015）从该项审计制度安排根本目的考虑，自然资源资产离任审计需要客观评价领导干部履行资源环境责任的情况，以完善生态文明绩效评价考核制度，推进生态文明建设。因此将自然资源资产离任审计定位为直接报告业务，其审计客体是承担自然资源开发、利用和保护责任的相关部门、各级政府及其负责人，可能包括地方政府党政负责人、自然资源主管部门负责人以及资源性国有企业负责人等。

三、关于预期使用者的文献回顾

我国较少有学者研究自然资源资产离任审计预期使用者，关于这方面的探讨和分析散见于相关文献之中。预期使用者，是预期使用审计结论和报告的所有组织或人员。其范围广泛，可以是全体公民、各级人大、党政机关及其他利害相关者。自然资源资产离任审计关注自然资源资产，那么对其享有所有权的全体公民则是广义预期使用者。进一步地，各地公民与当地的资源环境状况息息相关，理所当然地成为直接预期使用者。此外，"全体公民"行使权力主要通过"各级人大"，因此，各级人大是领导干部自然资源资产离任审计的预期使用者。考虑到该项审计开展的重要政策背景，预期使用者还包括党政机关以及其他利害相关者。

四、关于审计对象的文献回顾

在研究中，如果没有明确区分审计对象、审计客体、审计对象信息，研究结论就会存在一定局限性。而现有的文献很少对上述概念进行辨析，或是混用，或是等同。本书认为，应该首先厘清它们之间的区别。以财务审计为例，被审计单位是审计客体；审计对象是被审计单位财务状况、经营成果即现金流量；反映这些信息的载体——财务报表则是审计对象信息。

安徽省审计厅课题组（2014）认为，自然资源资产管理和生态环境保护是地方各级党委、政府的责任，开展自然资源资产离任审计的主要内容就是"自然资源资产的开发利用和保护"，以利于生态环境损害责任追究。因此指出，该项审计对象主要是地方各级党委和政府主要领导干部，侧重于对"人"审计。这种观点事实上混淆了"审计客体"与"审计对象"两个概念。也有学者（蔡春、毕铭悦，2014；刘明辉、孙冀萍，2016；谷树忠，2016）认为，自然资源资产离任审计是在经济责任审计基础上发展而来的新兴审计制度，监督、评价和鉴证领导干部行使资源环境管理权力的过程及结果，证实和评价领导干部受托责任履行是否符合既定要求，是其主要目的。基于上述分析，这些学者认为该项审计对象是责任主体自然资源资产管理和生态环境保护履责情况。就审计对象信息而言，直接探讨这方面的研究很少，刘明辉、孙冀萍（2016）认为，审计对象信息为反映其履责情况的报表和指标。具体来说，反映领导干部履责情况的报表，首先主要是指自然资源资产负债表，该表反映领导干部所在辖区特定期间自然资源资产实物量（包括数量和质量）和生态环境质量状况的变化。其次，反映领导干部履行资源环境管理情况的相关指标和资料。

五、关于审计标准的文献回顾

"标准"即准绳,而审计标准是用以评价或计量审计对象的基准。这方面相关研究不多,多数学者(张鲁娜,2014)认可包括法律法规、政策规定、规划计划、考核制度等正式规定的审计标准,如《中华人民共和国环境保护法》《国家生态保护红线——生态功能基线划定技术指南(试行)》《体现科学发展观要求的地方党政领导班子和领导干部综合考核评价(试行办法)》《省土地利用规划》等。刘明辉、孙冀萍(2016)强调要因地制宜,重视与特定审计对象有关的规则、公认的业务惯例或者良好实务及指标这些非正式规定,以准确界定领导干部应承担的责任。

六、关于审计证据的文献回顾

审计人员要通过一套系统的方法获取充分、适当的证据,并以此作为得出审计结论的基础。相关研究涉及需要哪些证据并采用什么方法加以评价的问题。

多数学者(林忠华,2014;刘明辉、孙冀萍,2016)指出,自然资源资产离任审计活动需要获取反映领导干部资源环境履责情况的证据,至少要包括以下证据:

一是反映是否完成约束性指标的证据;

二是反映生态红线考核指标,如耕地红线考核指标;反映目标责任制完成情况的证据,比如耕地保护和最严格水资源管理制度考核指标;

三是自然资源资产管理和生态环境保护相关政策落实情况的证据;

四是反映自然资源资产管理状况及资金的证据;

五是重大生态破坏、环境污染事件处理的证据等。

获取充分、适当的审计证据，除了可以采用如检查、观察、询问、重新计算等传统方法，还需要更多地借助遥感测绘、自动监测等高科技手段获取相关信息。随着自然资源资产离任审计试点的推动，对自然资源资产离任审计证据获取和评价的研究越来越多。

黄溶冰（2016）依据PSR（压力—状态—响应）模型的基本原理，根据不同自然资源的特点，设计了相应的评价指标体系。在此指标体系中，从资产负债表中获取的有关自然资源资产的直接数据以状态指标体现，在此过程中的相关影响因素以压力指标体现，主要包括社会、经济、环境三方面内容，针对上述结果和影响因素，各级地方政府和领导干部出台的针对性的公共管理措施和相应的投资范围和规模，则以响应指标的形式体现。

刘宝财（2016）以浙江湖州自然资源资产离任审计试点为例，提出从自然资源资产财政财务方面、政策法规执行方面以及内部制度管理方面开展审查。

林进添（2016）以福建ZP县的试点工作中森林资源审计调研为基础，认为应获取约束性指标完成情况、资源红线指标、森林资源开发利用保护情况及相关管理过程中资金问题等审计证据。

刘明辉、孙冀萍（2016）以投入产出法的思路，将自然资源资产管理看作一项资产管理活动，从资产管理的全流程出发，设计了投入、过程、产出、成果、影响五个方面的指标体系，采用层次分析法和模糊综合评价法将部分定性指标进行量化处理，并最终形成综合的指标评价体系。

七、有关审计结果的文献回顾

如前所述，开展自然资源资产离任审计，旨在通过对领导干部受托资源环境责任履行情况的监督、评价和鉴证，以推动领导干部尽责，切实有效地履行其担负的自然资源资产管理和生态环境保护责任，促进自然资源资产节约集约利用和生态环境安全，并保障生态环境损害责任终身追究制。因此，多数学者认为，要实现上述目标，领导干部自然资源资产离任审计结果的内容不仅应包括常规的标题、主送单位、导语、被审计对象的基本情况、审计发现及审计结果、审计评价部分，还应重点关注审计建议部分。

对于审计中反映出的典型、普遍及具有倾向性的问题，审计机关应该提请有关部门及时改进工作、完善制度。对于在审计中发现的由于人为因素造成自然资源资产损害、生态环境污染的情况，需要追究领导干部责任的，审计机关应提出审计处理意见，并按照规定移送相关部门。

总的来说，现有文献大多概括性地探讨领导干部自然资源资产离任审计领域的相关理论问题，对其内容和重点的认识并不统一，也没有形成相应体系，不能适应这一新兴审计活动。此外，自领导干部自然资源资产离任审计提出试点已有3年，但目前鲜有文献实证检验该项审计实施后的政策后果，这为本书研究领导干部自然资源资产离任审计的政策后果提供了契机。

第二节 领导干部经济责任审计政策后果文献回顾

自1985年黑龙江省齐齐哈尔市审计局率先开展厂长离任经济责任审计以来，中国的经济责任审计制度，日益受到学者关注。1999年，经济责任审计正式成为国家审计制度的一部分，其审计范围也不断扩大，先是扩大至地厅级党政领导干部（2005年），之后，再次将审计范围扩大至省部级领导（2010年）。2014年的《实施细则》进一步细化和完善经济责任审计对象、审计内容、审计评价、审计报告、审计结果运用、组织领导和审计实施等内容。至此，经济责任审计体系构建基本完成。

近年来，经济责任审计政策后果的研究话题日益成为学界研究的重点。经济责任审计究竟会产生什么样的影响？现有文献主要集中在权力的监督与制约、责任方责任履行以及政府治理效率几个层面。

一、经济责任审计与权力的监督、制约

在我国特有的政治经济制度体系下，公共资源意味巨大的利益和权力。为更有效合理配置和利用这些公共资源，达到效用最大化的效果，对资源的控制主体进行制约，并采取一定的监督措施尤为重要。国内学者多数从抑制腐败的视角探索经济责任审计与权力的监督、制约之间的关系。

经济责任审计这项审计制度最初萌芽于约束企业厂长（经理）行为，对企业厂长调离进行审计，评议其功过业绩，是国家通过审计方式对企业厂长权力的制约，提高其对党和人民的高度责任感。经济责任审计，通过对领导干部受托经济责任的量化评价，强化了对干部监督的力度（韵方，2001），防止行政权力的缺失和滥用（陈波，2005）。也有学者认为，经济责任审计的重要作用之一是遏制权力寻租（张勇等，2009），是实现政府问责制的一种有效途径（郑颖，2009）。

李江涛、苗连琦等（2011）实证证实了经济责任审计可以预防和惩治领导干部腐败，并提高政府财政财务收支绩效。研究发现，经济责任审计力量、查处力度与权力制约效果呈正相关关系。审计力量越强，查处力度越大，发现领导干部权力行使过程中的问题数越多，进而阻止领导干部职务犯罪发生的作用越大。

王帆、张龙平（2014）以环境项目招投标为例，构建贿赂博弈模型，用以分析经济责任审计治理腐败的作用机制。研究表明，在恶意攻击阶段

外，加强经济责任审计的处罚力度，是治理腐败的有效路径，可以阻止环保贿赂发生。

吴勋、王雨辰（2016）认为经济责任审计主要是通过抑制领导干部权力异化行为来稳定财政管理机制，防止公共权力寻租，进而遏制腐败。该研究以2008~2012年为研究周期，实证检验经济责任审计如何影响官员腐败行为，研究发现：经济责任审计的预防功能显著影响官员腐败，而其揭示功能和抵御功能对于官员腐败影响不显著。其中，经济责任审计预防功能以被采纳建议数占比来衡量，其揭示功能和抵御功能分别以移送相关部门的涉案人员数和已处理的人员数加以衡量。

胡智强、余冬梅（2018）以党的十九大报告关于改革审计管理体制精神为基点，探讨了经济责任审计制度定位问题，并就如何规范重塑做了进一步研究。该研究认为，经济责任审计制度是典型的中国式国家审计制度，它实质上是保证和监督干部履行以经济责任为基础的综合整治责任的一种特殊干部管理制度，也是权力运行的制约和监督机制。

总之，经济责任审计以其专业性，有利于对领导干部承担责任量化评价，有利于提高党政领导干部自律意识，从而预防和控制腐败源头，进而抑制了领导干部权力异化行为，实现了对权力进行监督和制约的作用。

二、经济责任审计与领导干部责任履行

现有文献关于经济责任审计的作用问题，集中在干部管理中的监督、评价与考核以及治理腐败等方面。经济责任审计作为独立的新的审计类型，其存在的首要目标在于促进和保证被审计对象受托经济责任得以全面有效履行（蔡春、陈晓媛，2007）。现有文献关于经济责任审计是否以及如何影响领导干部责任履行的问题，主要在经济责任审计范围、经济责任审计作用路径两个方面存在分歧。

关于经济责任审计范围，主要存在两种观点。有学者认为，经济责任审计范围应集中在财务收支和财经法纪等微观经济责任上，不应随意扩大；也有观点认为，应该关注领导干部的宏观经济责任乃至社会责任，如环境保护责任等（蔡春、陈晓媛，2007；崔孟修，2007；高占江，2007；黄溶冰、单建宁、时现，2010；刘笑霞、李明辉，2014）。从地方政府经济责任审计执行实务来看，2007年江苏苏州进行了有益探索，苏州市审计局将县级领导及相关部门环保履责情况纳入到辖区领导干部经济责任审计中，有效地避免了以往环境审计不能与环境受托责任承担者个人责任联系的弊端。

在我国现有的政治经济体制下，自上而下的政策推动与执行往往更有效力，且效率更高，经济责任审计的实行也不例外。关于经济责任审计对领导干部责任履行的文献，多数学者认为，经济责任审计制度，通过"观测领导干部执政理念及效果、评价其执政行为及能力——领导干部执政理念及行为预期"的路径，进而促进领导干部责任履行（张阳、聂新军，2012；张阳、张霖琳、蔡祺等，2017）。

王翠琳、蔺全录、李莉（2015）认为，经济责任审计的目的是通过评价领导干部责任履行以促进其经济责任履行。他们还以"审计查出金额、被审计人员数量、省级审计人员数量和审计报告量"表示审计投入力度，实证检验经济责任审计如何影响领导干部相关责任的履行。结果表明，对于直接考核领导干部责任的指标来说，经济责任审计的力度和强度越大，效果越明显；但在实际操作过程中，存在上有政策下有对策的现象，具体表现在领导干部不作为或少作为，最大限度地减少经济责任审计对其考核的影响，如减少环境污染治理投资等，降低触犯法律的可能性。张阳、张霖琳、蔡祺等（2017）认为，经济责任审计执行会对领导干部的执政理念产生直接影响，并发现当年的审计执行力度与未来的执行预期之间存在一定的相关关系，具体表现在上年度经济责任审计效果直接影响领导干部本年度预期,且存在一定程度的正相关关系,这种良性循环有助于领导干部提高对经济责任审计的认识,并最终落实到行动中,在实际工作中采用更为有效、务实的环境治理行为。进一步地,各级领导干部在环保方面受到制约、监督程度的影响因子中,经济责任审计的范围和所涉及的人员层级比较重要,一般情形下,二者呈正相关关系,对其后期的执政理念有正向良性影响,并落实到环境保护的具体实际工作中,如公共资源的配置倾斜、财政投入程度和方向等,使得各类资源使用效率进一步提高。

总之,经济责任审计会对领导干部执政理念产生影响,进而影响到其行为预期与选择。随着经济责任审计范围的扩大,对领导干部制约、监督的影响力越大,从而更大范围地改善领导干部责任履行行为。自然资源资产离任审计,是加大经济责任审计中对领导干部所负资源环境管理责任监督的比重,这为进一步深入研究经济责任审计提供了契机。

三、经济责任审计与政府治理

如前所述,经济责任审计不仅在确保领导干部责任全面有效履行方面发挥重要作用,它也是确保政府治理效率提高的一种审计制度安排。

刘更新(2010)通过检验经济责任审计委托机制、执行机制、信息传递机制及成果运用机制对政府治理效率的影响,得出经济责任审计与政府的治理效率呈显著正相关关系的结论。其中,政府治理效率由行政管理费用在财政支出的占比表示。

蒲丹琳、王善平(2014)验证了经济责任审计处罚力度影响政府治理效率的作用机制。研究结果表明,经济责任审计处罚,具有威慑和警示作用,增加了领导干部违规的预期心理成本,从而抑制了过度融资等机会主义发生。研究以2007~2011年中国29个地区为研究样本,以地方政府投融资平台债务及债务风险作为政府治理效率的替代指标。

总之，学者们普遍认为领导干部经济责任审计本质上是权力制约，通过对党政领导干部任期内所承担责任的监督、评价与鉴证，可以对领导干部的执政理念产生直接影响，以促使其更好地履行担负的责任，抑制腐败等机会主义行为，最终实现政府治理效率提高的目标。

但值得注意的是，经济责任审计执行取得预期的政策后果，不仅需要注意审计查证环节，考虑相关审计人员是否有足够的能力和动机去提高代理人道德风险行为被发现的概率，还要注意审计的问责环节。黄溶冰（2012）实证分析查证与问责环节时发现，不同审计机关在查证环节不存在显著差异；但在问责环节存在显著差异，高层级的审计机关问责力度更大。因此，令领导干部履行职责过程中的道德风险行为得到切实合理的惩罚，也是经济责任审计作用实现的重要环节。

第三节 环境规制效应的文献回顾

在环境规制发展初期，主要以政府行政命令方式对资源环境直接规制。随着规制手段的丰富，环境规制被赋予了更丰富的含义，将激励型环境规制、自愿性协议等也纳入其中。领导干部自然资源资产离任审计政策的实施间接推动了环境规制效应的进一步发挥。

一、环境规制对地区产业结构的影响

环境规制会对产业结构产生影响，相关文献大致可以分为三类。

第一类研究，主要侧重创新补偿效应。持该观点的学者认为：环境规制提高了企业成本，会激励企业去创新。因为，创新收益在补偿环境规制

遵循成本的同时，有效提高了企业生产率，带动了地方产业结构升级。Lanjouw 和 Mody（1995）、Rubashkina（2015）等验证了这一假说。

第二类研究，主要关注环境规制的绿色壁垒效应。他们认为，环境规制为新企业进入市场设置了门槛，进而影响地区产业结构（Dean & Brown，1995；吴高明，2010）。此后，Dean 等（2007）还发现，这种壁垒效应与企业规模存在反向相关关系。

第三类研究，主要从比较优势角度考虑，相关国内外研究一致认为，环境规制会促使污染型产业迁徙到环境规制相对低的地区，其代表学者主要有 Walter 和 Ugelow（1979），Copeland 和 Taylor（1995），范玉波和刘小鸽（2017），沈坤荣等（2017）。

综上，不论哪类观点，都一致认为环境规制会影响地区产业结构，但环境规制与地区产业结构间的关系，相关研究结论并不统一，存在"正向论""U 型论"以及"不确定论"。

持"正向论"（原毅军等，2014）者认为：基于产业理论，当企业面对环境规制时，会权衡成本效益，相应调整企业产品结构、技术水平等，进而优化地区产业结构。

持"U 型论"者，如钟茂初等（2015）、杨喆等（2018），他们认为较弱的环境规制强度并不带来产业结构优化，只有当环境规制力度超越了拐点值时，才可以促进产业结构绿色化。

第三种观点认为，环境规制对产业结构的作用还受到其他因素的影响。如企业规模及行业属性（Becker et al.，2011）、产业性质（Sanchez-vargas et al.，2013）及空间差异（肖兴志等，2013；卫平等，2017）。

二、环境规制对地区绿色经济绩效的影响

绿色经济绩效，由名称可知，"绿色""经济"强调经济、资源、环境

的和谐发展。

张江雪等（2015）研究发现，环境规制的类型不同，对地区绿色程度的影响并不一致。彭星等（2016）研究发现，不同类型、强度的环境规制对绿色经济绩效的影响，各地区间存在差异，并因此建议采用差别化的环境规制政策。原毅军等（2016）将环境规制分为费用性环境规制和投资型环境规制，并认为它们在促进绿色经济绩效提升方面存在互补关系。张建华等（2017）认为，环境规制水平对绿色经济绩效的提升作用，要限制在一定的范围内，否则，会引发资源配置扭曲，反而降低绿色经济绩效。

综上，关于环境规制对绿色经济绩效影响的现有文献，其结论尚不统一。查阅这些文献，我们注意到，这些研究中普遍采用"省域治污费占增加值的比重"度量环境规制，这为在本书进一步研究奠定基础的同时，拓宽了本书的研究思路。

三、环境规制对地区相关企业行为及竞争力的影响

作为经济利益的创造者，企业为社会贡献财富的同时也带来了不容忽视的环境负担。因此，想要改善整体生态环境，企业的责任首当其冲。而企业最初采取环境行为，主要缘于遵守环境法律法规，是受到了政府环境政策的规制而采取的被动行为。政府的环境规制政策由最开始的末端治理慢慢向主动防止转变，逐步由管制型发展为激励性的环境政策，政府环境规制政策的转变是否对企业环境行为产生影响，进而影响相关企业的竞争力，逐步成为研究热点。

（一）对相关企业环境行为的影响

庇古税是控制环境污染这种负外部性行为的一种经济手段。它的产生打开了企业环境行为研究的大门，Gray等（1998）通过对美国钢铁企业的环境行为进行研究，发现执法力度越强，企业的环境行为实施程度越高。

Robert（2009）利用30多年数据，证实政府环境规制是影响企业环境行为的主要力量。陈兴荣（2012）通过分析与推导，提出政府的环境政策的积极性与有效性会对企业环境行为产生积极影响。陈怡秀（2016）采用问卷调查的方式对16个重污染行业进行研究，结果显示，环境规制、市场结构、企业治理结构、财务状况以及企业的管理认知情况对重污染行业企业实施环境行为有重要影响。

这些研究表明，尽管环境规制对企业环境行为具有显著影响，但如何影响，结论尚不统一，存在"正向论""负向论""U型论"及"倒U型论"四类观点。

第一类观点认为，环境规制与企业环境行为呈正相关关系。Farzin等（2000）以污染税作为环境规制的替代变量，研究发现，在一定的阈值范围内，污染税越高，企业减排投资就越大；Jaffe等（2002）认为，市场型环境规制利于节能减排技术的创新与推广；姜锡明等（2015）以我国2008~2013年A股上市公司为样本，研究发现，环境规制强度越大，企业环保投资规模就越大；胡元林等（2016）以重污染企业为样本，利用结构方程模型，证实环境规制与企业环保投资规模的正向关系。

第二类观点认为，它们两者间呈负相关关系。马珩等（2016）以2010~2014年A股上市公司为样本，研究发现，环境规制力度越强，企业环保投资规模越低。

第三类观点认为，环境规制与企业环保投资呈非线性"U"型关系。唐国平等（2013）构建环境管制综合指数，并作为环境管制强度的代理变量，以2007~2010年A股上市公司为样本，发现环境规制与滞后一年的企业环保投资呈"U"型关系。

第四类观点认为，两者间呈倒"U"型关系。李强等（2016）延用唐国平等人的研究，也用地区环境规制强度综合制度来衡量环境规制强度，并以2008~2013年A股重污染行业上市公司为样本，研究发现，两者之间呈倒"U"型关系。

进一步地,环境规制对企业行为的作用效果,会因企业异质性而存有差异。

Becker等(2013)研究发现,环境规制对企业行为的影响,会因企业规模而异。Sanchez-vargas等(2013)研究发现,环境规制对规模不同的企业生产率影响是不同的。

李月娥等(2018)证实,国有企业和非国有企业对环境规制的反应敏感度不同。

杨喆等(2018)指出,污染密集型企业与清洁型企业在面对不同强度环境规制政策时,采取的策略不同。这种差异主要源于企业在成本效益方面的权衡。一般来说,污染密集型企业具有固定资产投资比重高的特点,因此,其环境技术的调整成本较高;与之相反,清洁型企业环境技术的调整成本相对低。对于污染密集型企业,当面临的环境规制强度较低时,企业优先选择投入更多生产要素,增加产品产量,从而获取更多的经济产出,以抵消环境规制成本;当面临的环境规制强度较高时,获取的经济产出不足以抵消企业环境遵守成本,那么,企业就会作出两种选择,要么将资本转移至环境规制低的产品或行业,要么投资于技术创新,获取创新补偿效应。而对于清洁型企业,不论面对环境规制强度如何,企业都有动机选择增加环保投资的行为。

(二)对企业竞争力的影响

关于环境规制对企业竞争力影响的研究主要存在两种相反的观点:

一是环境规制会对企业的竞争力有负面影响。基于"制约假说",环境规制是解决负外部性问题的手段,促使企业不得不进行更新或改造环保设施、研发或引进环保技术等,这会增加企业非生产性支出,短期内,会影响企业生产经营,并导致企业生产率下降(Jorgenson等,1990)。也有学者从"污染天堂假说",证实环境管制对企业竞争力的负面影响(Arouri

等，2012）。

二是认为环境规制会提高企业生产率水平。该观点源于"波特假说"（Porter et al.，1991，1995）。根据波特假说，适当的环境管制会激励企业改变原有生产经营模式，优化产品结构。为了有效规避环境遵循成本，企业一方面会利用节能减排设备，并采用清洁技术进行生产；另一方面通过产品创新、工艺变革获取创新补偿效应。Saygili（2016）实证证实了两者之间的正向关系，结果表明，环境规制强度越大，企业就更愿意进行技术创新、清洁生产，从而企业竞争力更强。利用我国数据资料，多数学者证实环境规制强度和企业技术创新之间是非线性关系，只有超过特定门槛后，这一假说才能实现（张成等，2011；沈能，2012；蒋伏心等，2013；徐保昌等，2016）。

综上，地区的环境规制制度会对地区产业结构、地区绿色经济绩效、企业环保行为及竞争力产生影响，但影响结果会因环境规制制度、地区及企业异质性而存在差异。如前所述，经济责任审计制度会通过影响党政领导干部的执政理念，从而影响其行为预期与选择。那么，自然资源资产离任审计政策的提出以及试点工作的开展，会间接推动地区环境规制强度的改变，带来地区环境遵守成本、环境标准的严格程度的变化，由此，会潜移默化地影响属地企业环保投资行为动机，但目前鲜有文献从此角度探讨，也为我们研究提供了契机。

第四节 自然资源资产离任审计政策后果的文献回顾

如前所述，自然资源资产离任审计作为新兴审计制度，目前仅在各地区广泛开展试点工作，因此，没有直接探讨该项审计政策后果的文献。但学者们在对自然资源资产离任审计重点及内容的描述中，间接地透露出领导干部自然资源资产离任审计可能的政策后果。其主要观点如下：

一、对领导干部资源环境管理行为影响的文献回顾

这里所指的领导干部资源环境管理行为，包括领导干部在行使受托资源环境管理权力的过程中，做出的能够对自然资源开发利用及生态环境保护、修复、破坏产生影响的所有政府行为。

黄溶冰等（2015）指出，编制并审计自然资源资产负债表，旨在服务于生态环境损害责任终身追究制。依据刺激反应模型，领导干部"探测器"获取到这种制度创新相关信息，会及时调整其行为，对自然资源保护，由不重视、被动重视转变为重视、主动重视。

刘儒昞、王海滨（2017）运用博弈论的分析方法，分析自然资源资产离任审计对地方政府环境治理的影响，得出了自然资源资产离任审计可以改善地方政府策略选择的结论。

多数学者（陈献东，2014；陈尘肇，2015；薛芬、李欣，2016；刘宝财，2016；郭旭，2017）认为，该项审计需要关注领导干部行使资源环境管理权力的过程。第一，相关法律法规及政策落实情况（比如国家出台提高地下水资源收费标准的文件，各地区有没有因地制宜，制定具体的收费政策并付诸实施）；第二，与之相关的约束性指标完成情况（如各种红线的完成情况）；第三，自然资源资产开发利用保护的情况（如开发审批的管理）；第四，相关资金的管理情况（如相关资金的征收、使用及分配）；第五，预警机制建立及执行情况。

领导干部自然资源资产离任审计的实施，将转变领导干部的激励结构和行为动机，会对上述相关行为产生影响。

二、对地区资源环境质量影响的文献回顾

陈献东（2014）提出，领导干部自然资源资产离任审计要关注自然资源资产使用情况，包括自然资源资产可持续利用情况、有偿使用情况、节约使用情况。特别是，该项审计要以自然资源资产负债表反映的信息（如自然资源资产实物量，包括数量与质量）为基础，评价领导干部任内属地的生态政绩情况，并界定领导干部应承担的责任（黄溶冰，2016；李博英、尹海涛，2016；钱水祥，2016）。

张琦等（2019）运用2014年审计署组织部分省级审计机关实施领导干部自然资源资产离任审计试点这一准自然实验，检验领导干部自然资源资产离任审计的环境治理效应。研究表明，相对于非试点城市，试点城市的财政环保投入与辖区内企业环保投资均显著增加，其中，试点城市给予企业环保补助是导致其增加环保投资的一种可能机制。此外，试点城市并未显著出现对环境指标的短效干预行为。

综上，实施领导干部自然资源资产离任审计，服务于领导干部资源环境管理责任追究，也就意味着地方政府以往为了经济发展等原因而放松企业环保标准和处罚的条件和"环境"都已经不复存在了，那么对当地资源环境质量必然会产生影响。

三、对地方经济可持续发展影响的文献回顾

一直以来，政府行为在"保环境"和"促发展"之间博弈。韩梅芳、张琴、王玮（2015）认为，对地方政府官员来说，激励效应明显，但约束机制并没有发挥作用。领导干部自然资源资产离任审计的提出，监督领导干部权力行使过程，并服务于生态环境损害责任终身追究制，无疑会激励

政府主动重视资源环境管理,促使"经济"与"环境"和谐发展,使得地区经济实现绿色发展。

四、对地区相关企业价值影响的文献回顾

领导干部自然资源资产离任审计的实施,促使领导干部改变既有的执政方式,那么,重污染、资源型企业作为环境污染、能源消耗的"罪魁祸首",会受到政府官员的更多关注,由此导致相关企业风险上升,进一步地,相关企业的融资权益资本可能会发生变化。全进、刘文军等(2017)利用重污染、资源型上市公司2012~2015年的数据,运用双重差分模型(DID),研究了领导干部自然资源资产离任审计制度对重污染、资源型企业权益资本成本的影响。实证结果表明,领导干部自然资源资产离任审计制度会提高重污染、资源型企业面临的风险,因此,投资者要求的回报率也随之增加。值得注意的是,较其他企业,没有政治关联的重污染及资源型企业,权益资本成本提高更加明显;相应地,这些公司业绩也受到影响。

五、对审计主体行为影响的文献回顾

领导干部自然资源资产离任审计是既无章可循也无例可依的新兴审计制度,再加上自然资源资产本身具有的高复杂性、多专业性和强技术性特点,使得审计主体面对的情势复杂多变,地方审计厅研究者指出当前开展自然资源资产离任审计的主要困难在于:共识不足,认识偏差;经验不足,人才匮乏;基础不牢,依据缺乏;协调乏力等。马志娟(2014)指出,离任审计的独立性和时效性恐难以保证。这些困难构成审计人员所面临的挑战,也为审计机关推进该项审计工作提出了新课题。

综上所述,关于领导干部自然资源资产离任审计的理论体系、政策效

应等问题，目前都已有一定的研究，且越来越受到重视，这些研究为本书研究相关问题奠定了良好基础。然而，不少研究还存在重复化、表面化以及零碎化现象，缺乏对其中基础性问题的深入剖析，使理论研究成果难以体现在现阶段领导干部自然资源资产离任审计的实践中，也跟不上不断丰富的领导干部自然资源资产离任审计实践。从研究方法看，规范研究居多，特别是对自然资源资产离任审计有效性的研究，实证研究更是屈指可数，这为本书采用实证研究方法系统探讨自然资源资产离任审计政策后果提供了契机。

第三章
制度背景与理论分析

第一节 制度背景

为推动生态文明建设,党的十八届三中全会提出了开展自然资源资产离任审计的要求。各省市高度重视,迅速行动,纷纷启动了领导干部自然资源资产离任审计试点。查阅审计署及各省市审计厅(局)的资料,自2014年以来,我国至少有10个省份在下辖市县开展了领导干部自然资源资产离任审计的试点工作。

2015年10月,《关于开展领导干部自然资源资产离任审计试点工作方案》(以下简称《试点方案》)这一国家层面的试点方案正式出台。该文件就各地区自然资源资产离任审计试点工作的总体要求、主要任务、审计重点、组织领导给予明确指导。文件指出,在试点期间,试点单位要把握因地制宜、重在责任、稳步推进的原则,努力探索形成一套比较成熟、符合实际的审计规范,以保障后续审计工作深入开展。为更好地实现自然资源资产离任审计目标(推动领导干部尽责,切实履行受托资源环境责任,最终实现资源利用状态和生态环境质量的改善),试点方案要求,试点地区完成以下基本任务：明确审计对象、确定审计内容、探索审计评价、责任界定以及运用审计试点结果等，并着重对领导干部任职前后属地土地、水、森林资源资产及矿山生态环境治理、大气污染防治等重要环境保护领域进行审计。

自《试点方案》颁布以来，审计试点在全国范围分阶段展开，2016年审计试点范围持续扩大，试点工作也得以深化。国家统计数据显示，截至2017年10月，全国审计机关共实施该项审计试点项目827个，涉及被审计领导干部1210人。

《领导干部自然资源资产离任审计规定（试行）》（2017年11月）的颁布，标志着这样一项全新的审计制度正式建立，并成为经常性工作在我国全面推开。这一制度有利于新发展理念的践行，也为建设美丽中国保驾护航。

通过对领导干部实施自然资源资产离任审计，在增强各级政府领导干部环境责任意识的同时，对于改善领导干部资源环境管理行为、提高地区环境质量、促进各地区生态文明建设也发挥着积极作用。

一、自然资源资产离任审计小范围试点

自领导干部自然资源资产离任审计提出以来，各级党委、政府高度重视，审计署也积极部署，2014年有10个省份率先开展了试点工作。

（一）试点工作的推进

1. 试点地区的选择

各省份首批试点地区的选择各有侧重，有拥有较好生态环境底子的地区；也有处于工业区，亟须污染治理的地区。此外，试点地区的选择还考虑了各地不同自然资源的分布以及辖区间的平衡。总之，试点省份不同，其自然环境特点不同，试点地区选择的角度亦不尽相同。

将生态环境基础的强弱作为试点选择标准的省份和地区主要有福建、湖北以及江苏。

福建福州湿地自然生态资源丰富，闽江河口湿地获评"中国十大魅力湿地"。因此，福建优先选择福州作为试点地区，并通过重点关注福州湿地环境生态保护情况，完成对福州市市长任期经济责任审计。此外，福建武夷山有着丰富的自然生态资源和旅游资源，"申遗"成功，并通过了国家级生态城市的省级验收。因此，武夷山也作为首批试点地区，在对武夷山市原书记、市长进行任期经济责任审计中，从武夷山世界自然遗产与世界文化遗产的特殊性出发开展试点审计。

湖北黄冈作为国家重点生态功能区，考虑到其辖区内90%的县市区为限制开发区，还有若干国家重点生态功能区在内。因此，2014年该省首先选择黄冈作为该项审计试点。

江苏南通海安县地处苏中平原，地跨长江、淮河两大水系，地形平坦，河道稠密，是南通地区典型的农业大县，基于该县资源管理和环境保护工作相对较好，也成为开展该项审计试点工作的首选。

除了考虑各地生态基础的强弱，内蒙古试点的选择考虑了区域间的平衡，从东部的赤峰和西部的鄂尔多斯首先开展试点工作。

山东在选择试点时，优先考虑该区域影响较大、经济依赖程度高的自然资源资产。首先开展对海洋资源资产离任审计的探索，确定青岛、烟台为首批试点地区。

查阅审计署以及各地省（市）审计厅网站，2014年全国范围内开展领导干部自然资源资产离任审计试点的地区如表3-1所示。

2. 试点地区党委、政府高度重视，积极协调配合

领导干部自然资源资产离任审计试点工作的开展，普遍得到了地区党委、政府以及审计机关的大力支持，组织进行前期课题研究并进行实地调研，建立协调配合机制，联合开展专项审计。

表 3-1 自然资源资产离任审计小范围试点主要情况表

序号	省份	开始时间	试点区
1	山东	2014.03	青岛、烟台
2	湖北	2014.04	黄冈
2	湖北	2014.07	武汉江夏区
3	内蒙古	2014.05	鄂尔多斯、赤峰
4	湖南	2014.07	娄底
5	贵州	2014.07	赤水、荔波县
6	江苏	2014.06	连云港、南通
7	广西	2014.11	全区
8	福建	2014.07	福州、武夷山
9	陕西	2014.03	西安
10	四川	2014	绵阳

数据来源：审计署及各地审计厅（局）网站信息。

贵州省委副书记李军先后两次对自然资源资产离任审计工作做出重要批示；贵州省审计厅率先出台了《赤水河流域（贵州境域）自然资源资产责任审计工作指导意见（试行）》（以下简称《意见》）。《意见》的颁布，直接体现了贵州省委省政府对自然资源资产离任审计试点工作的重视。在推广赤水市审计试点成果的同时，指导了赤水河流域各市、县审计机关自然资源资产离任审计试点工作。

山东省审计厅也高度重视该项工作，迅速行动，按照审计署的统一部署，启动了海洋资源资产离任审计试点。成立了以马青山厅长为组长的领导小组，深入开展了专题调研，研究制定了试点工作方案，组织青岛市、烟台市审计局实施了试点工作。

内蒙古成立了由厅党组书记、厅长任领导小组组长的审计工作领导小组，切实对领导干部自然资源资产离任审计试点工作进行指导。此外，还调研了分属六部门的土地、矿产、水利、森林、草原等资源管理和监测评估情况，掌握了大量资料，以期深化理论研究，推动试点审计工作。

福建省审计厅将自然资源审计列入年度科研课题，法规处、省审计学会相关人员走访了省国土、环境保护、林业、海洋与渔业、水利等部门，调查了福建自然资源的存量及分布状况，考察了自然资源开发利用及保护工作，并对与资源环境有关的补偿制度、管理制度进行了解，提出了自然资源资产审计的思路和主要审计内容，并准备结合具体审计工作，进一步修订、完善审计内容，制定出台自然资源资产相关审计办法。

江苏连云港本着"先行先试"的原则，将自然资源资产离任审计工作，穿插在对县区党政领导及环保、国土、水利、农林、海洋等相关部门领导干部的经济责任离任审计过程中。

广西积极开展自然资源资产试点审计工作，组织了六个调研小组分别到涉及自然资源资产的环保厅、国土厅、农业厅、林业厅、水利厅、工信委等区直部门和单位开展调研，并且深入到自然资源资产较为丰富和具有代表性的河池市以及南丹县和天峨县进行调研。在综合分析、总结调研情况和资料的基础上，于2014年11月出台了《自治区2014年领导干部自然资源资产试点审计工作方案》，为推动建立领导干部自然资源资产离任审计制度打下扎实的基础。

（二）试点工作的初步成效

小范围试点工作开展以来，不少审计人员表示，自然资源资产离任审计结果具有"刚性约束力"的特点，正逐步得到制度层面的认可。

首先，自然资源资产离任审计试点结果日益受到重视，已成为领导干部提拔或转任其他岗位需要考虑的重要因素。浙江省湖州市开展了自然资源资产离任审计试点，该地区在提拔领导干部时，充分考虑了自然资源资产离任审计结果；就审计中发现的问题，对相关领导干部进行约谈、诫勉谈话。山东也非常重视自然资源资产离任审计结果，王东主任就明确表示，该项审计结果一要在联席会议上通报，二要记入领导干部个人档案；还将其作为组织部门任用的重要依据。

其次,领导干部自然资源资产离任审计,通过评价领导干部履职责任,促进领导干部依法科学用权履责。山东试点审计按照科学发展观的要求,通过前期调研及试审,摸清了辖区海洋资源权属、规模、质量、价值等基本情况,并对领导干部落实国家相关法规和政策情况、海洋资源集约节约利用情况、生态环境修复与防治情况重点审查,为准确评价领导干部履职责任打下基础,促进领导干部科学、依法用权履职。四川绵阳市委书记罗强形象地说:"推行离任生态环境审计,就相当于给领导干部套上一个紧箍咒。"督促领导干部高度重视资源环境因素。湖南启动对9个县市共18名党政主要领导干部任期责任审计,发现该项审计有效地增强了党政主要领导干部自然资源管理和生态环境保护意识。陕西、福建以及广西桂林试点审计,也认为该项审计能够提醒和约束领导干部任职期间恪尽职守,完成受托自然资源资产管理和生态环境保护的责任,促使相关地区加大完善相关制度、资金投入以及规范管理的力度。

最后,领导干部自然资源资产离任审计试点的开展,有效改善了地区资源环境质量。陕西在自然资源资产离任审计试点过程中,通过及时上报发现的重要资源环境问题,以及可能存在于自然资源资产集约利用、生态环境安全的风险,促进地方政府及相关部门整改,避免了不必要的资源损耗和生态破坏。山东胶州也积极利用试点审计结果,在放弃高能耗的潜在环境隐患项目(16个)、关停污染严重企业(20多家)、淘汰燃煤锅炉(40余台)、整改生态环境问题(189个)方面发挥了重要作用。

(三)试点任务的初步完成

根据《试点方案》,试点地区要把握因地制宜的基本原则,根据各地区自然条件和地理环境及资源资产种类不同,分别确定了审计内容及审计的重点。

山东考虑到地域特点,主要将海洋资源作为自然资源资产离任审计内容,考察被审计领导干部任内海洋资源资产存量、质量、价值层面的变化，并将落实国家海洋方面的法律法规及政策的情况、海洋资源资产集约利用的情况及海洋资源生态修复和污染防治作为审计重点，以确保审计成效。

内蒙古自治区审计厅对鄂尔多斯市长草原资源资产责任和赤峰市长森林资源资产责任进行了试点审计，呼伦贝尔市审计局对牙克石市委书记、市长水资源资产责任和巴彦淖尔市审计局对乌拉特后旗委书记、旗长矿产资源资产责任开展了试点审计。

湖南则重点关注领导干部在耕地保护和国土征用责任、矿产资源开发责任、生态环境保护责任以及自然资源有偿使用制度执行责任等方面的受托资源环境管理责任。

福建省审计厅将党政主要领导干部自然资源资产责任审计试点，内嵌于经济责任审计中，关注党政领导干部环境治理、生态效益、节能减排等方面的情况，并将自然资源资产审计的内容和重点明确为：森林、土地、水资源及矿产资源的环境保护情况以及相关体制机制的建设、制度措施的执行和自然资源资产管理等方面。该省选择福州、宁德，以及武夷山一个县级市部署开展审计工作试点，将有限的审计资源集中在该区域具有影响较大、经济依赖程度高或显著特色的自然资源资产。福州湿地自然生态资源丰富，闽江河口湿地也获评"中国十大魅力湿地"。因此，在对福州市长任期经济责任审计中，重点关注福州湿地环境生态保护情况。武夷山有着丰富的自然生态资源和旅游资源，"申遗"成功，并通过了国家级生态城市的省级验收。在对武夷山市原书记、市长进行任期经济责任审计中，从武夷山世界自然遗产与世界文化遗产的特殊性出发开展试点审计。

贵州省审计厅确定的审计重点内容广泛，从各类不同资源资产状况、生态环境的治理情况到创新体制机制、生态绩效考核等七个方面。此外，该审计厅还界定了该项审计过程中，采用何种评价指标、以什么作为评判的依据，以及如何对自然资源资产状况评价等问题。具体来说，他们认为,森林资源资产责任审计以森林覆盖率、森林积蓄量、造林保存率、林业政策的执行力等指标作为评价重要内容;国土资源资产审计把土地确权、土地征收、土地储备、土地利用、亿元 GDP 耗地量、土地保护、违法违规占用耕地面积、土地政策的合规性列入评价内容;把水环境质量指数、万元 GDP 用水量以及水资源政策的合规性列入水资源资产审计评价内容。

二、自然资源资产离任审计大范围试点

2015 年 10 月 30 日,中央办公厅、国务院办公厅印发了《试点方案》,各地区领导高度重视,在总结前期试点工作的基础上,纷纷扩大了辖区内的试点范围,试点审计的资源类型亦更加丰富。各地审计机构进一步总结、完善审计方法和评价指标体系,试点审计取得了良好成效。

(一)试点工作的发展

1. 试点范围进一步扩大

从 2015 年中办、国办印发《试点方案》到 2017 年 10 月,全国审计部门开展的审计试点项目不断增多(827 个),涉及的被审计领导干部人数(1210 人)也与日俱增,具体如表 3-2 所示。

表 3-2 自然资源资产离任审计大范围试点主要情况

序号	省份	开始年份	试点区
1	内蒙古	2015	呼伦贝尔
2	浙江	2015	湖州
3	陕西	2015	延安
4	贵州	2015	贵阳、遵义、安顺、毕节、黔东南州、黔南州
5	安徽	2015	池州
6	河北	2015	石家庄
7	海南	2015	全省

续表

序号	省份	开始年份	试点区
8	广东	2015	惠州、开平、德庆
9	福建	2015	福州马尾区、台江区；厦门湖里区；泉州市安溪县、鲤城区
10	山东	2015	东营、聊城
11		2016	山西、江西、河南、北京、天津、云南、甘肃、新疆、吉林、黑龙江、辽宁、宁夏、重庆

数据来源：审计署及各地审计厅（局）网站信息。

在 2014 年开展对赤水、荔波审计试点的基础上，贵州省审计厅 2015 年把扩大自然资源资产离任审计试点列为全省重点审计工作。该厅先后组织贵阳、遵义、安顺、毕节、黔东南州、黔南州六地审计局开展了审计试点。2016 年，贵州省审计厅将继续扩大审计试点范围，进一步总结和推广经验。

福建继福州开展自然资源资产离任审计试点以来，继续扩大试点地区，其中由福建省审计厅带头实施了七项审计试点项目；福州市审计局在马尾区和台江区开展试点，厦门市审计局在湖里区展开试点，泉州审计局则选取安溪县和鲤城区作为试点，三明审计局也积极安排审计试点工作。

山东省审计厅则进一步选择东营、聊城作为审计试点地区。同时，枣庄、济宁、临沂、德州、滨州等十个市审计局，也在辖区内选择 1~2 个县作为审计试点单位。

广东省审计厅选择惠州市和开平市、德庆县开展审计试点，2017 年进一步扩大全省试点范围，不断总结和推广试点中的有益经验，为 2018 年开始建立常态化的审计机制奠定基础。

2. 试点地区领导干部更加重视

《试点方案》颁布后，各地党委和政府高度重视，为积极推动和指导领导干部自然资源资产离任审计，纷纷召开政府常务会议审议并出台相应试点工作方案。领导干部率先认真学习相关方案，并积极跟进试点工作，全面部署属地自然资源资产离任审计试点工作的开展。主要体现在如下三个方面：

第一，各地纷纷召开政府常务会议审议并出台相应试点工作方案。2015年12月10日，陕西延安市委常委、常务副市长姚靖江主持召开了深化改革专项小组会议，对《延安市党政主要领导干部自然资源资产审计工作方案（试行)》进行了审议，并于2016年2月26日，市委办、市政府办正式印发执行《延安市党政主要领导干部自然资源资产审计工作方案（试行)》。

内蒙古鄂尔多斯市市委常委、常务副市长主持召开第14次政府常务会议，也审议通过《鄂尔多斯市开展领导干部自然资源资产离任审计试点实施方案》。

福建宁德市委、市政府也高度重视此项工作，市委书记廖小军亲自挂帅，先后召开专题会议研究部署并成立了自然资源资产离任审计领导小组和课题研究工作小组，明确由审计部门牵头，相关部门配合，建立以审计部门为主、相关部门为辅的工作协调机制。

北京市两办印发了《关于深入推进领导干部自然资源资产离任审计试点工作的意见》，从重要意义、总体要求、审计对象内容和重点、完善工作机制四个方面，全面提出了深入推进试点工作的具体部署。

《云南省开展领导干部自然资源资产离任审计试点实施方案》的印发，是云南经济责任审计工作深入开展的又一重要里程碑。该方案侧重从指导思想、审计试点工作任务、试点审计内容及重点、组织领导以及责任分工等几个方面对如何开展全省领导干部自然资源资产离任审计试点工作提出了明确要求。

第二，地方党委和政府认真学习。面对自然资源资产离任审计这项全新的课题，安徽地方党委和政府高度重视、认真学习、积极跟进。在安徽淮南第 19 次市长工作例会上，集体学习了两办新出台的《试点方案》，市政府班子成员及市政府秘书长、副秘书长参加了学习。

第三，各地党委和政府高度重视，积极跟进试点审计工作。湖北黄冈市委、市政府多次召开全省工作会议，听取审计单位就自然资源资产离任审计试点开展情况的汇报，对试点过程中发现的问题高度重视，并及时作出相应指示。党政领导还要求结合本地实际情况，以试点地审计为突破点，努力探索可复制、可推广的审计模式，扎实推进领导干部自然资源资产离任审计。

（二）试点审计效果愈加显著

领导干部自然资源资产离任审计是为资源环境撑起的一把制度"保护伞"，对于摸清辖区绿色家底、增强领导干部生态责任意识、树立正确政绩观和促进经济可持续发展有着深远的意义。

首先，自然资源资产离任审计试点的实施，有利于掌握各地区自然资源资产基本状态。湖北十堰市审计局实施领导干部自然资源资产离任审计，先后深入各地县委、县政府"两办"和国土局、水务局、林业局、环保局等 76 个部门，走访了 9 个工业园、4 个林场、7 个湿地和自然保护区、3 个开发区、21 个企业以及 55 个乡（镇、办事处）的 175 个村组（居委会、社区），实地踏勘核查了 120 宗土地、102 宗林地、32 条河流、43 座水库、20 个干渠支渠、60 个采矿点、38 个采砂点、78 个排污口、57 家环境污染企业或单位、42 个污水处理厂、25 个垃圾处理填埋设施，较好掌握了全市自然资源资产基本状况和生态环境治理的基本情况，一定程度上也为自然资源资产负债表的鉴证做好了前期工作。

其次，领导干部自然资源资产离任审计试点的实施，影响着地方政府领导干部资源环境责任意识。对于资源型城市，这一点尤为重要。山西朔州市开展的试点工作会议上，朔州市领导表示以此审计为契机，进一步提高全市自然资源资产管理水平。

再次,该项审计的实施,不仅有益于增强领导干部生态责任意识,还改善了领导干部资源环境管理行为。2016年下半年,江苏扬州对该市邗江区首次开展了领导干部自然资源资产离任审计试点,邗江区政府高度重视。新建多项水资源管理制度,成立专项整治小组;新建多项生态环境保护制度,并开展专项检查;增加财政投入700多万元,新增设施、设备34座(台)。

最后,领导干部自然资源资产离任审计试点的开展,促进地区经济绿色发展,助力生态文明建设。福建省委、省政府高度重视这项工作,省审计厅及时制订审计工作方案,重点关注经济生态的协调、自然资源资产的集约节约,努力探索自然资源资产离任审计的完善。积极关注资源环境重点领域和深层次问题,发挥了审计机关在保护自然资源与生态环境、建设生态文明中的监督职能作用。

(三)试点审计体系逐步完善

在前期试点的基础上,各地审计机构进一步总结并完善了审计方法。尽管目前仍没有形成系统、成熟的审计方法体系,但就如何利用信息化手段方法已逐步成熟。

陕西延安市审计组打破传统的审计模式,改变过去那种翻账本、看凭证、找问题的传统思路,与局信息中心和外聘的计算机能手多渠道、大范围收集和索取有关电子资料、电子数据,探索依托"大数据"等高新技术开展审计的新模式。审计人员可借助相关部门与单位的专业人士工作,并结合辖区专业数据资料(如自然资源资产总体规划图、功能区划图等),亲自现场测量,并利用空间地理技术手段,如图斑比对,从多角度分析,锁定疑点,找准、核实问题,努力摸索符合延安实际的领导干部自然资源资产离任审计路子。

2016年以来,福建省审计厅在实施自然资源资产离任审计试点的过程中,更多地注重大数据的平台建设。目前,部分海洋、森林、土地资源已经形成相应的数据库（约 65G，51 张存储数据表）。该省在大量采集相关基础数据的基础上，积极探索利用地理测绘成果和技术资源，对其进行分析。这些数据及技术为福建更好地开展自然资源资产离任审计奠定了扎实基础。

湖北运用地理信息系统软件等技术手段，开展对相关业务管理系统和数据的分析，既注重土地、矿产、水利、林业、环保等部门内部数据的对比分析，又做好与财政、税收、安监、建设、工商等部门外部数据的关联分析，从中掌握总体情况和发现问题线索；在把握审计评价的准度时，按照"实事求是、客观公正、权责一致"的原则和三看（"看职责、看行为、看后果"）的审计方法，客观评价领导干部在自然资源资产管理和生态环境保护方面是否尽责，并准确界定领导干部所应承担的责任。

浙江省审计厅积极利用地理测绘技术，依托测绘部门 GIS 技术支撑自然资源资产离任审计的开展。在磐安县和开化县试点审计中加强 GIS 技术与专项审计的深度融合，力图打造可复制的 GIS 技术运用操作指南。其做法与经验得到好评。

此外，山东胶州审计人员首先对自然资源资产离任审计客体进行分类，具体包括：A 类为与自然资源有关的市直部门的主要领导干部；B 类为镇街党政主要领导干部；C 类为功能区主要领导干部，并且分别确定开展独立型、结合型、专项型自然资源资产离任审计。此外，山东相关审计不局限于海洋资源资产离任审计，新增了农用地、山地、地下水、森林等自然资源资产的审计，构建相关资源的自然资源资产离任审计评价指标体系，并且按照"摸清情况、揭示问题、分析原因、界定责任"的总体思路，把握"遗留问题看整改、潜在问题看对策、常规问题看决策"这一原则，更加全面客观地评价领导干部履职情况；审计方法方面，使用了价值评估方法、质量评价方法等 30 多种新技术方法，技术方法体系更加完善。

三、自然资源资产离任审计试点全面推行

《领导干部自然资源资产离任审计规定（试行）》（以下简称《规定》）（2017年11月）的颁布，标志着这样一项全新的审计制度正式建立，并成为经常性工作在我国全面推开。这一制度有利于新发展理念的践行，也为建设美丽中国保驾护航。

《规定》中明确领导干部自然资源资产离任审计内容，主要包括：贯彻执行中央生态文明建设方针政策和决策部署情况，遵守自然资源资产管理和生态环境保护法律法规情况，自然资源资产管理和生态环境保护重大决策情况，完成自然资源资产管理和生态环境保护目标情况，履行自然资源资产管理和生态环境保护监督责任情况，组织自然资源资产和生态环境保护相关资金征管用和项目建设运行情况，履行其他相关责任情况。审计机关应当充分考虑被审计领导干部所在地区的主体功能定位、自然资源资产禀赋特点、资源环境承载能力等，针对不同类别自然资源资产和重要生态环境保护事项，分别确定审计内容，突出审计重点。

《规定》为开展领导干部自然资源资产离任审计指明了方向、明确了目标。审计署将加强组织领导，对各级审计机关深入开展领导干部自然资源资产离任审计提出具体要求，并加强督促检查落实，有效发挥审计在党和国家监督体系中的重要作用。

自《规定》颁布以来，各省、直辖市及自治区纷纷颁布省级相关规定，并将其作为省委党内重要法规，推动领导干部自然资源资产审计工作落到实处。

四、自然资源资产离任审计政策实施效果

自党的十八大以来,党和国家高度重视资源、环境及生态文明建设,并将其置于国家战略高度。在这样的背景下,党的十八届三中全会《决定》,首次提出对领导干部实行自然资源资产离任审计,这是审计制度的一个创造性举措,也是完善国家生态文明制度体系的要求。那么,该项审计试点推行,到底能否实现制度设计初衷?对地方领导干部有没有刚性约束力呢?有没有改善领导干部履责行为?

领导干部自然资源资产离任审计,作为一项具有综合性、交叉性的新兴审计制度,通过监控领导干部资源环境管理权力运行过程和结果,并提供相关履责信息,约束并激励领导干部尽责。可以说,其审计结果对于领导干部具有刚性约束力,而且这一作用也逐步得到认可。

在湖州试点,出台的《湖州市领导干部自然资源资产离任审计(暂行办法)》中,就对该项审计及审计结果的效力予以支持,例如自然资源资产离任审计在收集审计证据时,需要向自然保护局、水利局、统计局等部门获取相应的数据和资料,文件明文规定,要相关部门配合审计工作;此外,就审计结果中反映的问题,要求相关部门积极落实整改,及时提出并执行整改方案。这都表明湖州地方党委和政府对自然资源资产离任审计的高度重视。近年来,安吉县在干部提拔及转岗时,都要求充分考虑该项审计试点的审计结果;德清县还就审计结果中反映的问题,依规依纪依法追究当事人责任,如约谈、诫勉谈话等。

在山东省胶州,自然资源资产离任审计则被应用到许多环节,如领导干部任期届满,或者是任内工作变动等,只要纪检监察、组织部门认为有必要,就开展该项审计,并分类处理在审计中发现的问题,或要求及时整改,或移送相关部门。王东主任提出,自然资源资产离任审计结果不仅上

会通报、计入个人档案，还是组织部门选拔干部的重要参考依据。此外，胶州市政府参考自然资源资产离任审计证据、结果及建议，驳回 16 个环境隐患项目，关停多家重污染企业，及时淘汰了非环保设备等。

湖南娄底实施该项审计后，许多地方逐步树立可持续发展的意识，重视产业转型，不再刻意、随意使用资源和环境来换取"带血的 GDP"。

贵州赤水市领导干部自然资源资产离任审计试点实施，通过对自然资源资产集约节约利用和环境保护方面重大违法违规问题的揭露，增强了领导干部保护生态环境的责任意识。

综上，引入自然资源资产离任审计，势必导致党政机关领导干部和国有企业相关领导人员进行重大决定时充分考虑生态因素，力求通过念好"紧箍咒"、算好"生态账"，督促、倒逼各地履行好生态环境保护责任，树立更科学的生态观和政绩观。

第二节　理论基础

领导干部自然资源资产离任审计始于领导干部所承担的公共受托环境责任，其最终目标是通过对领导干部资源环境责任意识的提高，实现经济生态可持续发展。以意识、行为与后果相关理论、公共受托责任理论、可持续发展理论；环境经济学、环境管理学相关理论及企业财务与价值理论为基础，对自然资源资产离任审计的作用机理进行深入分析，在此基础上构建领导干部自然资源资产离任审计政策后果的系统分析框架。

一、意识、行为与后果相关理论

（一）刺激—反应模型理论与自然资源资产离任审计

刺激—反应模型理论是圣塔菲研究所（Santa Fe Institute）的约翰·霍兰教授提出的复杂适应系统理论[①]的一部分。这一模型由探测器集合、If/Then 规则集合及效应器集合三部分组成，用来解释说明适应性主体在不同环境下的反应能力。其中，探测器是主体在不同环境中获得信息的能力；If/Then 规则是描述主体行为的最基本模式，IF（若）刺激 S 发生，THEN（则）做出反应 R 的规则；此时，一组规则决定下的主体行为，就由效应器来加以描述。主体行为与其获取和感知到的信息一样丰富。

在我们的研究中，将国家资源环境治理看作一个复杂系统，随着"生态文明""可持续发展""资源环境""自然资源资产负债表""美丽中国"等词的不断涌现，这些外部刺激因素，被地区领导干部的"探测器"采集，特别是"自然资源资产离任审计试点"的信息，被领导干部捕获；该项审计作为一种规制手段，可以监控领导干部资源环境权力运行过程和结果，并界定领导干部应承担的责任。根据 If-Then 适用规则，领导干部会作出相应反应，不断调整和改变其行为方式，这些行为方式的改变由效应器来描述。具体如图 3-1 所示。

[①] 复杂适应系统理论，主要研究复杂系统复杂性产生和系统涌现的机理。其主要特点是：将宏观与微观两方面有机地联系起来。宏观方面，注重主体的层次性、多样性与聚合性，强调主体与周围环境及主体间的相互作用使由主体组成的系统不断演变或进化；此外，随机因素的影响不仅影响系统状态，而且影响组织结构和行为方式。

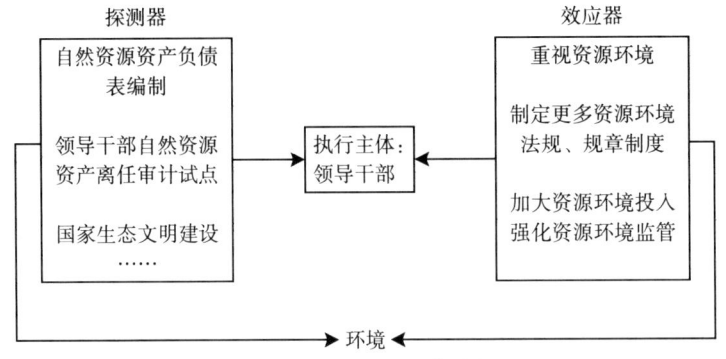

图 3-1 刺激—反应模型应用

（二）情绪认知—生理理论与自然资源资产离任审计

复杂的感受状态通常会引发心理和生理的变化，从而影响思考和行为。心理学情绪研究领域认知派著名理论之一，是 Stanley Schachter 和 Jerome Singer（1962）提出的情绪认知—生理理论。该理论认为：情绪体验取决于两个因素，心理唤醒和对该唤醒的认知解释，认知解释是决定情绪状态的主要因素。个体通过感官来接受外界环境的刺激，然后依据环境给予刺激一个认知标签。人们对同一生理唤醒可以作出不同的归因，产生不同的情绪，这取决于可能得到的有关情境的信息。

如前所述，依据刺激—反应模型理论，在国家资源环境治理这一复杂系统中，自然资源资产离任审计作为一种规制手段，一个外部刺激因素，被地区领导干部的"探测器"采集，根据 If-Then 适用规则，领导干部不断调整和改变其行为方式。领导干部如何调整和改变行为方式，首先取决于对自然资源资产离任审计的认知解释。地方领导干部对其做出不同的归因，会产生不同的情绪和行为。具体解释如图 3-2 所示。

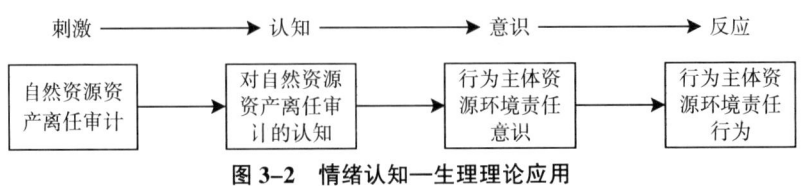

图 3-2 情绪认知—生理理论应用

(三) SCP 范式与自然资源资产离任审计

SCP 范式是产业组织理论中研究产业组织问题的分析框架。该范式遵循"产业内市场结构—企业市场行为—市场绩效"的逻辑思路，认为产业内市场结构是起点，决定了企业如定价、产品策略等行为，并最终对利润率及技术进步等市场绩效产生影响。这一范式提出的基本概念和要素，被广泛应用到不同领域，尽管也不断被修正，甚至被诟病。

在我国目前行政首长负责制度下，各级政府"一把手"不是简单的自然人，他们在很大程度上是政府人格化代表，政府表现出了人格化的倾向，而政府行为是政府人格化的表现。在政治市场中，各个地方政府利益主体也在进行各种各样的竞争活动，存在着复杂的各项活动。随着政治市场中制度的不断变化，行为主体根据自己的主观评价和内在目标选择行为。政府主体行为偏好的改变，会带来绩效的变化，但能否达到所追求的目标，这是不确定的。这一范式具体应用如图 3-3 所示。

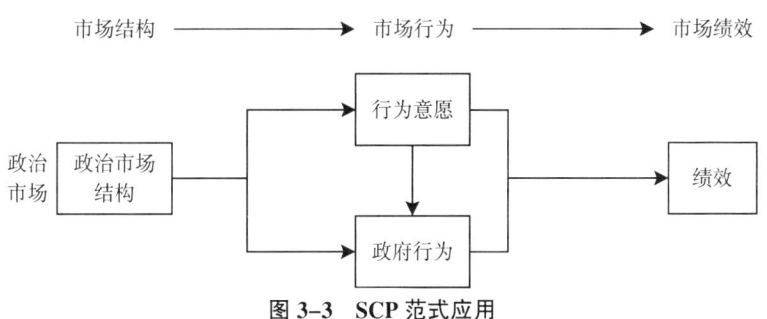

图 3-3　SCP 范式应用

就我国资源环境治理方面，政府受托管理这些公共资源，由于资源环境的相关法律规定、财政分权、绩效考核制度等对地方政府利益主体的引导，使得地方政府在资源环境治理时会更多地表现出"经济人"行为模式，将施政重点放在 GDP 的增长上，而舍弃资源环境。随着自然资源资产离任审计试点开展，这一制度强化了与之相关的"正激励"（履责情况）和"负激励"（承担责任），地方政府利益主体会根据自身偏好和目标进行适合的行为选择。行为选择首先体现在行为意愿改变上，即意识变化，地方政府重视资源环境治理；地方政府领导干部根据对资源环境与经济发展的权衡，改善在自然资源资产管理和生态环境治理方面的"慢作为""不作为"的行为方式，积极主动履行其受托责任。领导干部行为意愿与行为方式的转变，势必会对资源环境相应绩效产生影响。

二、公共受托责任理论

（一）公共受托责任理论基本内容

受托责任，即"Accountability"，被解释为"有义务、有责任；可说明性"。由于学者们所强调的重点不统一，目前存有"报告观""行为观"和"综合观"三种代表性观点。持"报告观"观点的学者们（Garfinkel，1967；Gray & Jenkins，1986；Martin，2005）突出强调受托人向委托人的报告义务，而"行为观"认为受托人应当对其行为负责，履行好受托的任务（Romzek & Dubnick，1987；李明辉，2003）。"综合观"认为，报告观和行为观都不全面，受托责任不能简单地界定为报告责任或者是行为责任，也就是说，受托责任应该包括报告和行为两个方面，受托人对行为负责，并提交相应的报告说明其行为[①]（Sinclair，1995；Cameron，2004）。

公共受托责任，顾名思义，是指公共领域内特殊的受托责任形态。其中，"公共性"是公共受托责任的前提假设，也可以说，公共权力是这一特殊形态受托责任的本源和基础。失去公共性，公共受托责任便无从谈起。根据契约理论，社会组织及其社会成员为了避免因彼此的利益冲突而导致的无谓消耗，在某种契约的基础上，将自身权力的部分让渡，这就是

[①] Sinclair（1995）指出，受托责任是指委托人要求，受托人要对其行为做出解释，并对其行为负责。在此基础上，Cameron（2004）认为，受托责任还要求受托人对其决策或行为负责，通常包括防止滥用权力或其他形式的不当行为。

公共权力的来源。国家权力源于公民的委托，基于契约，公民将公共权力委托给政府。这样，政府成为公共权力的受托人，其行使公共权力也必须增进公共福利、维护公共利益。王光远（2005）认为，社会公众在赋予各级政府各项公共权力（如制定、执行公共政策；运用公共资金）的同时，也对公共受托责任提出要求。

在我国的政治架构下，全体社会公民享有国家公共资源，它作为抽象"所有者"，其公共权力的行使需要通过人民代表大会或者立法形式。在这一层面上，各级人民代表大会与社会公众形成了受托和委托关系，社会公众是终极委托方；各级人民代表大会委托各级政府按照人民意志来行使公共权力，这样，各级人大与各级政府又形成了委托受托关系；作为政府的直接管理者，党政领导干部代表政府，行使相应的公共权力，由此，成为公共受托责任的实际代理人。总之，在我国，党政领导干部受托行使公共权力，但也要对公共权力运用的过程和结果负责。

（二）公共受托责任理论与领导干部自然资源资产离任审计

在自然资源资产和环境保护管理关系中，资源环境所有权与管理权的分离是受托资源环境责任产生的前提与基础。公共受托资源环境责任，是一种特殊的公共受托责任。当这种受托责任关系确立后，客观上，就存在对受托人进行监督的需要。因此，公共受托资源环境责任是领导干部自然资源资产离任审计开展的前提条件和发展动力。相应地，对领导干部自然资源资产离任审计的实施，也有利于公共受托资源环境责任更好地履行。

1. 公共受托环境责任是实施领导干部自然资源资产离任审计的前提条件和发展动力

国家审计产生于公共受托责任关系的确立，并随着社会政治经济的发展，公共受托责任内涵的演变而不断发展变化。可以说，公共受托环境责任是领导干部自然资源资产离任审计产生与发展的理论基石。

公共受托资源环境责任关系的确立，使得受托人对委托人负有公共受托资源环境责任。社会公众将管理自然资源资产和保护生态环境的权力授予各级政府，相应地，各级政府作为受托者承担相应的受托责任，向委托方报告其公共权力行使的过程及结果。地方政府全面有效履行公共受托环境责任，必须正确行使公共权力，确保公共权力的行使过程和行使结果的适当性。上述受托责任的确定，客观上需要委托人对受托人实行监督。对政府公共受托环境责任进行审计，以保证公共受托环境责任得到全面有效履行是国家审计产生的基础，加强政府公共受托责任的审计监控是公共受托责任内在的根本要求。

在地方政府公共受托责任链条中，党政领导干部发挥的作用不容小觑。可以说，党政领导干部的执政理念及执政行为对地方整体政治生态来说，具有深刻的影响。

领导干部受托管理公共资源，由于与委托代理人间的目标冲突、人性及权力膨胀性和腐蚀性等内在原因，以及监控机制的弱化或缺失的外在原因，可能会出现公共权力的异化，将施政重点放在GDP的增长上。环境污染事件的频频发生，一定程度上意味着可能的环境机会主义行为增加。

为了促进公共受托环境责任的全面有效履行，审计机关应该对受托人公共受托环境责任履行情况进行审计。由此可见，自然资源资产离任审计产生的基石是公共受托资源环境责任关系的存在。

领导干部自然资源资产离任审计，以独立的第三方身份，接受人民以及代表其意志的人民代表大会委托，以其精湛的专业技能对政府的资源环境管理履责情况进行检查和报告，并对生态环境损害很大的政府官员进行责任追究，通过"问"来促进受托责任的有效履行，促使领导干部正确行使资源管理和环境保护责任（陈尘肇，2015）。

2. 领导干部自然资源资产离任审计监督受托方资源环境管理权力的行使

自然资源资产离任审计与公共受托环境责任息息相关。如前所述，公共受托责任是领导干部自然资源资产离任审计存在的前提和基础。可以说，没有公共受托环境责任关系的存在，也就没有必要开展领导干部自然资源资产离任审计。另外，公共受托环境责任履行情况是领导干部自然资源资产离任审计的基本内容。

在我国资源环境管理权力层层委托的背景下，国家及其各级委托代理人在目标上存在差异，地方政府和领导干部在运用公共权力履行职责时，更关注地区经济的发展和追求所谓的"政绩"，从而造成代理人行为背离自然资源公共产权主体和终极所有权人利益的可能，这也称为地方政府行为异化。

领导干部自然资源资产离任审计作为政府激励约束新机制，其核心是通过评价领导干部履责情况，约束和激励领导干部恪尽职守，调整其资源环境管理相关行为，并最终实现资源、生态、经济和谐发展的根本目标。

三、可持续发展理论

（一）可持续发展理论基本内容

"可持续发展"概念是随着对全球环境与发展问题的广泛讨论而提出的一个新概念，其发展经过了四个重要的里程碑。首次明确提出"可持续发展"这一名词，是1972年在斯德哥尔摩召开的人类环境大会上；1980年，国际自然与自然资源保护同盟（IUCN）和世界野生生物基金会（WWF）发表的《世界资源保护大纲》，成为最早提出"可持续发展"这一术语的国际文件；1987年，世界发展和环境委员会WCED的报告《我们的未来》，对"可持续发展"作出了经典解释，即"发展，既要满足当代人需求，也不对后代人满足需求的能力造成损害"；1992年，巴西里约热内卢召开的联合国"环境与发展"国家首脑会议，确立了可持续发展的战略框架。

各国学者及研究机构对"可持续发展"理论的研究如火如荼，且对其解释也各不相同，但他们都一致认为，这一概念的核心是发展，而且发展要具有可持续性。其可持续性表现在各种和谐关系中。首先，人类经济行为要与自然发展"和谐"，经济增长不能超出自然可持续发展的范围；其次，发展要考虑当代发展与后代的发展的协调。当代发展不能牺牲后代发展机会。简而言之，可持续发展就是要协调好人与自然、人与人之间（包括代际间）的关系。可持续发展模式，是一种以协调为核心的发展模式，将经济、社会、资源与环境紧密联系在一起，换句话说，既要考虑经济效益，还要更多地顾及社会、资源及环境效益，这是人类发展观质的飞跃，也将是对经济发展战略原则的重大变革（张以宽，1997）。

（二）可持续发展理论与环境审计

1. 可持续发展理论是环境审计建立的重要前提和基础

20世纪80年代以后，欧洲一些发达国家率先提出"可持续发展"概念，并于1989年达成共识，明确经济发展必须与保护环境相协调。与此同时，一些国际组织如国家商会于1989年公布了环境审计管理意见书，对环境审计做出一些规定。环境管理法律体系的建立，环境监督的加强，不仅推动了环境内部审计的发展，同时推动了政府机关环境审计的发展。美国审计总署和加拿大审计署及其他一些国家的最高审计机关纷纷要求开展环境审计。

环境管理是个庞大的系统工程。首先在制定一系列环境保护法律、法规的基础上，政府环境保护部门依法行使其相关管理与监督的权力。鉴于环境保护相关工作涉及范围广，对政府行使环境管理与监督权力的过程和结果、评价与鉴证难度大，由此，产生对综合经济监督部门的需求。在这样的背景下，环境审计应运而生，用以审查和评价环境管理者的责任与绩效，揭示管理中存在的问题，并作为依法处理的依据。

2. 可持续发展战略是环境审计的最终落脚点

如前所述，环境审计产生于不断重视环境管理的背景下，通过审查、评价和鉴证环境管理者所负的环境管理责任，旨在减缓环境污染及对环境的破坏，从而促进经济、社会、资源和环境的和谐发展，最终实现可持续发展。可见，可持续发展战略是环境审计的最终落脚点。

（三）可持续发展理论与领导干部自然资源资产离任审计

可持续发展的最终落脚点是服务人类，人既是可持续发展的发起者，也是执行者。在追求经济发展的同时，必须要重视在发展中保护生态环境，合理开发自然资源，不应该用环境质量换取经济高速发展。自然资源资产离任审计，是以领导干部任职期间履行自然资源资产管理和生态环境保护责任情况为主线，对其资源管理履责行为进行监督、评价和鉴证，这在推动领导干部切实履行职责的同时，促进了自然资源资产集约利用，实现生态环境安全。

1. 实现可持续发展是领导干部自然资源资产离任审计最终目的

领导干部自然资源资产离任审计，通过监督领导干部资源环境管理权力行使的过程、评价其受托责任、提供资源环境履责信息，有效约束和激励领导干部的资源环境管理行为。一方面，促使其尽责；另一方面，实现辖区自然资源资产集约节约利用，生态环境安全。因此，从根本上说，实现可持续发展是领导干部自然资源资产离任审计最终目的。

在可持续发展的理论指导下，开展领导干部自然资源资产离任审计要从经济、生态资源环境两方面进行审查。在经济效益评价中，重点关注与自然资源资产开发利用相关资金的征收、管理及分配情况，考察领导干部自然资源资产管理是否实现经济发展目标；在生态资源环境效益评价中，重点关注自然资源资产开发、利用及保护情况，考察领导干部自然资源资产政策的执行情况。

2. 领导干部自然资源资产离任审计是实现可持续发展的有效手段之一

如前所述，可持续发展战略的核心是实现发展的可持续性，包括人与自然、人与人之间的和谐发展。而在现实中，真正要做到经济与资源环境和谐发展，绝非易事。特别是在我国"晋升锦标赛"下，政府领导干部往往倾向于"经济发展"，更多地忽略"资源环境"。如何有效地促使党政领导干部转变其执政理念和执行行为，是实现可持续发展的关键。

审计作为规制手段，介入国家环境污染治理，始于20世纪60年代，以美国国家审计署（GAO）1969年实施的水体污染项目审计为例。之后，随着大批环境保护法律的出台，环境审计也逐步完善，发挥着重要作用。此时，环境审计主要是环境内部审计，旨在减少企业的环境遵循成本。

近年来，我国经济责任审计，也突出强调将地区经济发展是否具有可持续性纳入考核范围。黄溶冰（2010）认为，通过对领导干部不局限于传统GDP指标的评价、审计与问责，加强了地区可持续发展的监督力度，可以促进政府转变执行行为，实现全社会共同治污。

领导干部自然资源资产离任审计，通过监督领导干部资源环境管理权力行使的过程、评价其受托责任、提供资源环境履责信息，充分发挥监督和治理的作用，有效约束和激励领导干部的资源环境管理行为，实现自然资源资产集约节约利用，人与自然和谐发展，最终实现自然资源资产离任审计作用于经济可持续发展的传导路径。

四、外部性理论

（一）外部性理论基本内容

外部性概念是环境经济学中最核心的概念。环境经济学是20世纪50年代发展起来的一门交叉学科。该学科将环境与经济紧密联系起来，认为环境问题本质上是经济问题，一方面，环境污染会影响经济的发展，另一方面，要改善环境污染状况，需要大量经济投入。因此，环境经济学的主要研究内容就涉及环境污染损失的计量、如何治理环境污染等内容。

外部性概念，最早可以追溯到亚当·斯密（1776）在论述市场经济的

"利他性"时涉及了正外部性的特征。但最早正式提出"外部经济"概念则是1890年,由新古典经济学家马歇尔提出,他从经济规模扩大的原因这一视角,提出外部性是指某个经济主体对另一个经济主体产生的一种外部影响,而市场行为的干预[①]对这种影响不起作用。

随后,学者们不断对外部性理论进行了完善和扩充。萨缪尔森从外部性的产生主体角度,认为外部性是指那些生产或消费所带来的不可补偿的成本或获取了无须补偿收益的情形。根据影响的方向不同,将经济外部性分为正外部性(Positive externalitiy)和负外部性(Negative externality)。简单说,正外部性是某一经济主体对另一经济主体产生影响,这种影响是有益的;反之,若这种影响是有害的,则是负外部性。本书用负外部性来描述环境污染问题。

庇古在1920年出版了《福利经济学》,他通过探讨外部性产生的原因、外部性的类型以及外部性造成的影响,积极寻找解决方案,最终构建了静态外部性基本理论框架。其中,提出了修正性税收方案可以解决外部性所可能导致的无法实现资源的帕累托最优配置的问题。这种解决外部性的思路是政府对微观经济部门进行干预,以达到优化资源配置、实现帕累托最优的目的。"二战"后,科斯等沿着庇古的思路进一步探寻负外部性内在化的途径,试图通过市场方式解决外部性问题。他认为,解决外部性问题,就是最大化社会总产值或者最小化损害。特别是,当产权明确,且交易费用为零时,可以通过自愿协商,达到最优。

(二)外部性理论与领导干部自然资源资产离任审计

经济学家们(Ronald Coase,1960;S.N.S.Cheung,1970)一致认为,负外部性问题存在的原因在于,产权界定不明确或者交易成本过高。从解

[①] Marshall, A. Principles of Economics [J]. Political Science Quarterly, 2012, 31 (77): 430-444.

决外部性的理论分析看，无论是庇古的征税思路，还是科斯的产权管理思路，都表明在我国经济负外部性的解决靠政府干预和控制的必要性，这包括经济刺激和实行管制两种手段，经济刺激是根据对环境的影响来实施经济奖惩的方法，而实行管制则是通过法律、法规、制度等强行规定产生外部不经济性的标准。比如，国家文件中大幅提高地下水资源费的征收标准，这就是通过法律手段，确定外部不经济的标准，从而控制和合理利用地下水。再如，国家文件（〔2017〕第4号）规定，完善自然资源有偿使用制度，这意味着外部不经济标准的建立，可以有效防止自然资源的无偿占用和过度占用。

虽然通过管制产生外部不经济性标准是解决负外部性的有效途径，但要使政府规制有效率，必须满足规制收益大于规制成本（环境规制社会收益〉环境规制社会成本）的条件。

假定地方政府兼具政治人、经济人和道德人的多重理性特征，既追求政治权力也追求经济利益，同时关注个人声望，进一步地，其行为更多地表现为追求政治晋升和充裕地方财政，因此更倾向于"经济发展"，而忽略"环境治理"，这可能出现"政策实施不力"。"实施"既包含了地方政府作为执法者的"执行"，也包括守法者的"遵守"。

地方政府的行为选择主要取决于内在动机和外在激励。其内在动机是追求政治晋升和充裕地方财政；外在激励包括政治激励（政绩考核的晋升激励）和财政激励。在晋升考核机制的激励下，地方政府显然选择以经济发展为中心，不偏向环境保护。而不合理的行政考核制度与财税体制恰恰成为地方政府充任污染企业"保护伞"的两大主要根源。

如果对监管者（地方政府整体）缺乏有效的制约和惩罚，那么，监管者难免会存在环境机会主义行为，比如制定的相关政策不合理，监管缺乏公正性等。只有强化政府的环境监管法律责任，才能遏制政府及领导干部环境机会主义的苗头。

领导干部自然资源资产离任审计试点开展，通过监控领导干部相关权力运行过程及结果，界定其应承担的责任，提供资源环境管理履责信息，无疑给领导干部套上一个"紧箍咒"，约束其在自然资源资产管理及生态环境保护方面的执政行为，从而促进党政机关领导干部进行重大决定时充分考虑生态因素，加强环境监测与监管力度。

五、资源环境价值理论

自然资源和生态环境，是人类生产生活的基础。但一直以来，耗用资源、造成的环境污染及破坏成本都没有包括在商品价值中。随着对资源环境的重视，越来越多的经济学家、资源学家，承认资源环境的价值性，并提出多种衡量理论，如有限资源价值论、效用价值论、价值双重论、价格价值论以及价值决定论等。尽管价值构成观点不一，但就自然资源及生态环境具有价值这一观点已达成共识。资源环境的价值性理论，作为自然资源资产离任审计过程中价值判断的依据，利于审计人员评价相关政策措施的合理性。

如上所述，资源环境的经济价值，已经得到普遍认可。然而资源环境的保护还具有社会价值，利于优化人类生存空间，提高生活质量。但对其社会价值的评估和核算，主观性较强，容易被曲解，因此，资源环境价值的评估，需要审计作为独立第三方介入，从而更准确地界定其经济价值与社会价值。

总的来说，由资源环境价值理论，我们认识到，自然资源与生态环境具有价值且可计量，这无疑为自然资源资产离任审计提供了审计标准及评价依据；另外，自然资源与生态环境具有经济价值和社会价值，但其价值评估涉及当事人的主观判断，其价值被认可需要第三方的评价和鉴证。这说明，党政领导干部行使资源环境管理权力，需要第三方专业的监督、评价和鉴证。这是领导干部自然资源资产离任审计开展的现实需要。

第三节 自然资源资产离任审计政策后果分析框架

一、自然资源资产离任审计目标

一般来说，审计目标是审计活动所要达到的预期结果，随环境变化而变化。因此，本书将自然资源资产离任审计目标分为三个层次：直接目标、现实目标和根本目标。

依据自然资源资产离任审计制度设计的初衷，"通过监督党政领导干部资源环境权力行使的过程与结果、评价领导干部受托责任履行情况和鉴证领导干部履责信息"，促进其受托责任全面有效履行。由此，该审计最直接的目标是促进责任方受托资源环境责任的有效履行。自然资源资产离任审计的现实目标则是，推动领导干部恪尽职守，保障自然资源资产节约集约利用和生态环境安全；而发挥该项审计在国家生态治理的重要作用，"推进生态文明建设，实现人与自然的和谐发展"则是该项审计的根本目标。

二、自然资源资产离任审计主要特点归纳

自然资源资产离任审计不同于传统的经济责任审计与环境审计。只有充分认识自然资源资产离任审计这一新兴审计制度的"特殊"属性，才能更好地推进自然资源资产离任审计理论研究的深化和实务的发展。本书认为，自然资源资产离任审计具有审计内容综合性、审计评价标准多样性、

责任界定科学性等特点。

（一）审计内容的综合性

审计实施，是不断获取证据并评价证据的过程。如前所述，自然资源资产离任审计对象，是领导干部受托资源环境责任的履行情况。那么，自然资源资产离任审计实施，就会围绕获取并评价与之相关证据展开工作。也就是说，该项审计需要审计反映被审计领导干部受托责任履行情况的资料及信息。比如，被审计领导干部任内所在的辖区自然资源资产负债表，反映被审计领导干部履责的其他信息，包括约束性指标的完成情况、落实法律法规政策情况以及制定、执行相关预警机制情况等。如上，足以看出自然资源资产离任审计对象及审计对象信息的综合性。此外，还需特别说明的是，"自然资源资产负债表"是在会计学、统计学、环境学、资源学以及管理学等上位学科基础上形成的（刘明辉、孙冀萍，2016），并借鉴自然科学、社会科学、思维科学相关学科的理论与方法，是会计、统计、环境、资源、管理等学科的有机耦合，而非简单叠加，具有交叉性、综合性。因此，相较于其他一般审计，自然资源资产离任审计在审计内容上更加具有交叉性、综合性。

（二）审计标准的多样性

一般来说，离任审计是对经营管理者的业绩信息进行鉴证（戚振东，2013），而考虑到"自然资源"这一资产的特殊性（如受地域、气候、季节、生长期等自然因素影响，以及环境问题的潜伏性、时滞性、外部性等），需要依照相关法律法规、政策规定、规划计划以及考核指标等，结合被审计责任主体属地、部门、单位的特点和实际情况，采用定性评价和定量评价相结合的方法，综合反映并客观评价领导干部在资源环境方面的履责情况。因此，其审计标准具有多样性。

（三）责任界定的科学性

一般来说，离任审计需要按照权责一致的原则，对被审人员所承担的责任加以界定。考虑到自然因素和环境问题的特殊性，自然资源资产离任审计责任界定不仅需要遵循传统权责一致的原则，还需要对地域差异、气候条件不可控性、环境问题的遗留性等因素加以考虑。一般来说，被审计领导干部任内采取的各种减缓生态损害的措施，应是评价其受托资源环境责任履行情况的重要考虑因素，特别是针对那些短期难以解决的生态环境问题、自然资源资产变化难以准确计量的情况。因此，自然资源资产离任审计需要科学界定领导干部所需要承担的责任。

三、自然资源资产离任审计政策后果的作用路径

本书认为，自然资源资产离任审计政策后果分析框架可以从领导干部个人、地区及企业三个层面加以解构，如图3-4所示。

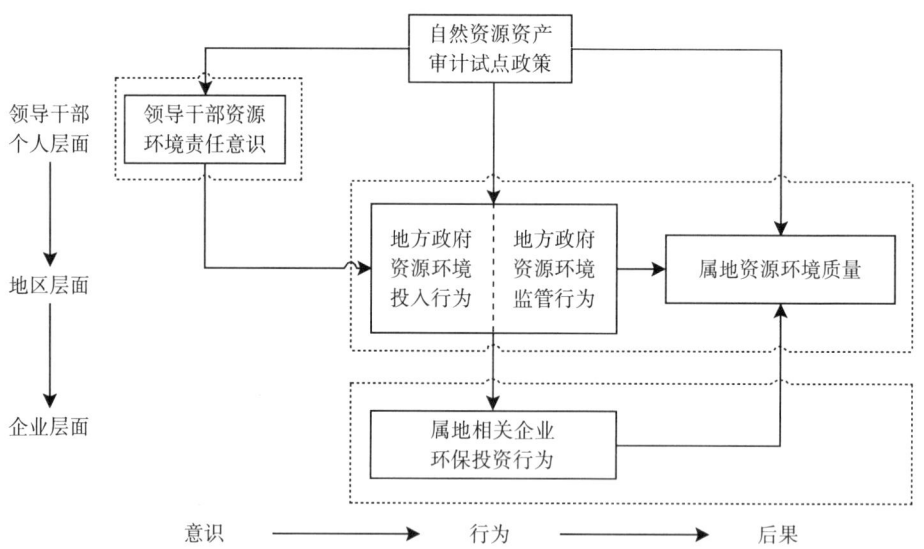

图3-4　自然资源资产离任审计政策后果分析框架

(一) 领导干部个人

在生态资源环境问题逐渐成为国际主流、生态文明建设进程日趋加快的新历史形势与背景下,地方政府领导干部的理性选择,直接关系到地区资源环境保护成效。受中国经济"高速发展"及地区"晋升锦标赛"的影响,领导干部往往需要在"促发展""保环境"等多种目标中权衡抉择。作为国家落实绿色发展理念、建设美丽中国、生态文明建设的重要基础,自然资源资产离任审计这一新兴审计制度,凭借其独立性、专业性、技术性,通过监督、鉴证及评价领导干部资源环境管理权力的运行过程,并提供其相关履责信息,具有约束和激励领导干部意识与行为,促使其更好地履责的功能。因此,自然资源资产离任审计试点政策的提出及试点工作的开展,无疑向被审计领导干部传递出某种信号,增加被审计领导干部的"感知压力"。被审计领导干部所感知到的压力,一方面,在于生态环境损害终身追究制不再是一纸文书,地方政府领导干部被持续追责风险增加的预期;另一方面,自然资源资产离任审计的实施,以其专业性,进一步完善生态环境绩效的评价与考核,直接影响领导干部对晋升与否的预期。Stanley Schachter 指出,个体接受外界环境的刺激,通常会发生心理和生理变化,从而影响其思考和行为。

综上,本书认为,自然资源资产离任审计试点政策的提出,首先促使领导干部资源环境责任意识的改变。

(二) 地区层面

1. 地方政府资源环境管理行为

一般地,人在意识的基础上产生行为,态度不同,所引起的行为亦不同。自然资源资产离任审计试点开展,对领导干部所产生的威慑效应,促进其更加重视资源环境事宜,规范和约束相关行为,确保受托自然资源资产管理和生态环境保护责任的有效履行。从各国实践研究看,资源环境政策的执行落实、资源环境问题的解决及资源环境质量的维护和改善必须有一定的环境治理资金投入。可以说,环境治理投资在相当程度上决定着环境治理的好坏。因此,自然资源资产离任审计试点的实施,促使地方政府在"履责压力"下,首先改善资源环境管理投入行为。

在资源环境管理领域,地方政府往往成为属地污染企业的"保护伞",从某种程度上说,地方政府监管不力,是造成属地资源环境问题的根源。要改善属地资源环境质量,离不开地方政府通过监管与执法行为,以预防和控制属地环境风险与损害,治理和修复被污染破坏的资源环境。自然资源资产离任审计试点的实施,以其信息传递效应,激励和约束地方政府改善其资源环境监管行为。

2. 地区资源环境质量

自然资源资产离任审计的实施,约束和规范政府行为,促使地方政府加大环境治理投资和环境监管力度。政府环境治理投资,一方面,可以直接修复生态环境损害,如矿山环境恢复治理;另一方面,政府环保财政支出投向,具有政策导向作用,可以用来引导非政府环境治理行为。地方政府监管力度的加强,一方面,可以直接预防和控制环境风险与损害;另一方面,有效遏制相关企业的环境污染的机会主义行为。

基于上述分析,自然资源资产离任审计试点的开展,使得负有受托资源环境责任的领导干部意识与行为发生改变,进而会对地区自然资源资产状态和生态环境质量产生影响。

(三) 企业层面

属地相关企业个体在资源环境问题中扮演着重要角色,可以说,企业的环保决策与地区环境质量、污染治理效果息息相关。有研究表明,企业在多大程度上实施环境管理,除了考虑环境管理措施所带来的边际私人成本和收益外,还与地区环境管制的要求有关。如前所述,自然资源资产离任审计试点开展,提高地方政府领导干部资源环境责任意识,改善了地方政府资源环境投入行为和监管力度。由此带来的地区环境遵守成本、环境标准的严格程度及管制强度的变化，必然对属地相关企业环保投资行为动机产生潜移默化的影响。

根据上述分析，本书实证研究主要沿着"环境刺激意识、意识决定行为、行为导致后果"的思路，围绕领导干部自然资源资产离任审计政策后果展开研究。本书将其分解为四个子内容展开研究：一是自然资源资产离任审计试点实施对领导干部资源环境责任意识的影响（第四章）；二是自然资源资产离任审计试点实施对地方政府资源环境管理行为的影响（第五章）；三是对属地资源环境质量的影响（第六章）；四是自然资源资产离任审计试点政策对属地相关企业环保投资行为的影响（第七章）。

第四章
自然资源资产离任审计影响领导干部资源环境责任意识的实证检验

受中国经济"高速发展"及地区"晋升锦标赛"的影响,领导干部往往将地方资源环境管理置于政府及领导干部议事安排中的次要或从属地位,为"经济"让路。可以说,地方政府领导干部的理性选择,直接关系到地区资源环境保护成效。作为领导干部受托资源环境责任履行的重要机制,自然资源资产离任审计的实施,是否对地方政府领导干部在管理资源环境事务时的态度及注意力有影响?首先,本章在前文相关理论分析的基础上,探究就资源环境管理事务,地方政府领导干部注意力是否由"轻视"变化为"重视";其次,检验领导干部自然资源资产离任审计的实施,是否强化了这种变化,以期为更有效地促进地区领导干部资源管理行为提供理论和经验支持。

第一节 理论分析与研究假设

依据公共受托环境责任理论,执掌公权力者,即领导干部必须对他们行使环境管理权力的方式和结果承担责任。地方政府领导干部作为代理人，在享有管理资源环境事务的权力的同时，承担着自然资源资产管理和生态环境保护的重要责任。具体来说，地方政府领导干部可以通过制定属地资源环境政策、相关法规或规划；管理涉及资源环境资金的征收与分配，如环境治理专项资金的使用；决定是否投资重大环保项目、污染治理项目、生态建设项目；监管相关部门、企业的环保工作等方式，来行使其资源环境管理权力。当然，在此过程中，地方政府领导干部要承担起决策责任、执行责任以及监管责任。

在领导干部所需承担的责任体系中，既有环境责任，也有经济责任、政治责任以及社会责任等，领导干部一般很难兼顾所有责任。资源环境质量自身所具有的典型公共产权属性以及信息不对称的普遍存在，更导致资源环境领域发生机会主义行为的风险较高。当环境机会主义行为产生环境污染并超出公众容忍度时，党和国家及社会各界就会对领导干部责任意识淡薄、环境治理不作为或假作为、环境责任追究不力等机会主义行为高度重视。而问责机制则是促使领导干部环境责任实现的重要方式。有研究表明，"问责"过程中产生的信息会刺激领导干部以一种更加有效的方式改善公共政策，优化治理过程（吴建南、岳妮，2009；王柳，2016）。

问责机制可以通过问责的频度和强度对问责对象实施影响。首先，问责制度必须转化为具体的"问责"行为才能对地方政府领导干部及其履行受托责任行为产生影响。"问责"制度只有被执行，才能发挥其最大功效，否则的话，只能是一纸文书，无法对被问责对象起到约束的作用。因此，问责制度被转化为具体问责行为的可能性越大，对被问责对象影响越大。其次，如何采取有效的"问责"行为，也势必对被问责对象产生影响。通常来说，监督、质询、惩罚等行为，都属于"问责"行为。这些"问责"行为旨在打开政府管理的"黑箱"，将其权力运行过程清晰化。将领导干部管理过程置于可见的状态下，其面临的压力就越大。因此，"问责"行为力度直接影响被问责对象行为。最后，"问责"行为带给被问责对象的

"感知压力",会在心理和行为上,约束和制约被问责对象行为,并引导其行为按照问责预设导向方向发生改变,从而最终改善组织绩效。当然,"问责"压力往往也伴有激励机制,也具有行为导向作用。可见,问责对象感知的"问责"压力越大,对其意识和行为的影响越大。

问责机制如此重要,但如果问责信息的真实性和完整性没有保障机制,问责机制也可能会陷入困境。但现实中,地方政府环境责任追究制度更多地体现在对企业等行政相对人环境责任的追究上,较少地关注行政主体承担的环境责任,更别提责任追究了。而"如果某人管理人类事务可以不承担责任",那么就必然产生机会主义行为。

国家审计以其相对独立性,以及技术方法的专业性,既可以鉴证领导干部提供的问责信息的真实性,也可以直接提供问责信息。因此,国家审计作为问责机制中的一个组成部分,是问责信息的重要保障机制(郑石桥、陈丹萍,2011)。随着"问责"内容的不断拓展,审计业务类型也会发展。"对领导干部实施自然资源资产离任审计",是十八届三中全会首次提出的,其首要目的是为领导干部生态环境损害责任终身追责制服务。根据委托人的问责需求,监督、评价和鉴证地方政府领导干部所承担的受托资源环境责任,就是领导干部自然资源资产离任审计的主要任务。

领导干部自然资源资产离任审计的实施,向"问责"对象传达以下几方面的信息:首先,建立生态环境损害责任终身追究制不再是一纸文书,一方面,不以领导干部任期结束而终止责任追究,彰显了该项制度的强度;另一方面,领导干部自然资源资产离任审计的实施也为该项问责奠定了信息基础。其次,自然资源资产离任审计以其专业性,可以监督领导干部相关权力的运行过程及结果,"问责"行为力度的变化,无疑增加领导干部的"感知压力",从而引导其行为遵循指引方向,进而改善生态环境责任的履行。因此,领导干部自然资源资产离任审计的实施,不仅使得生态环境损害责任终身追究制这一问题制度更加可行,同时增强了领导干部感知的压力，从而提高履行资源环境职责的意识。

综上，本章提出以下研究假设：

H4-1：在其他条件不变的情况下，自然资源资产离任审计试点的开展，会显著提高地区领导干部资源环境责任意识。

地区推行自然资源资产离任审计试点与该地区经济发展水平、产业结构以及法律制度环境密切相关，因而在不同经济发展水平地区、不同产业结构地区以及不同市场化地区中，自然资源资产离任审计试点政策对领导干部资源环境责任意识的影响，可能呈现出不同的效应。

受中国经济"高速发展"及地区"晋升锦标赛"的影响，领导干部往往需要在"促发展""保环境"等多种目标中权衡抉择。而地方政府领导干部的理性选择，直接关系到地区资源环境保护成效。自然资源资产离任审计，以其相对独立性和技术的专业性，对领导干部履行资源环境责任情况进行监督、鉴证和评价，这对经济发展水平相对低的地区被审计领导干部来说，感知到的压力更大，进而对其资源环境责任意识的提高就更为明显。因此，提出假设：

H4-2：在其他因素不变的情况下，经济发展水平较低的地区，自然资源资产离任审计试点开展，对该地区领导干部资源环境责任意识影响就更大。

同样地，地区产业结构不同，地区污染水平也不尽相同。偏重于工业的产业结构更容易导致地区污染水平的上升。自然资源资产离任审计试点开展，作为"坏消息"，对偏重于工业产业结构的地区领导干部资源环境责任意识影响越大。

因此，本章假设：

H4-3：在其他因素不变的情况下，工业产业占比越高的地区，自然资源资产离任审计试点开展，对该地区的领导干部资源环境责任意识的影响更为显著。

地区法制化水平在很大程度上反映了地区法制环境状况，也代表了地方政府对法制环境的重视程度。地区法制化程度不同，不仅影响对自然资源资产离任审计的认知程度，一定程度上，也可预期自然资源资产离任审计试点工作的未来执行情况。地方法制化水平越高的地区，对自然资源资产离任审计试点政策更加重视，且预示该项审计执行亦更加到位，从而更能发挥其相应的监督约束功能，进而，更大程度上提高地方政府领导干部资源环境责任意识。因此，本章假设：

H4-4：在其他因素不变的情况下，法制化水平越高的地区，自然资源资产离任审计试点开展，对地区领导干部资源环境责任意识的提高更为显著。

第二节 研究设计

一、样本选择和数据来源

本章将2012~2015年作为样本研究区间。自中国共产党的十八次全国代表大会（2012年）以来，以习近平总书记为核心的新一届党中央领导集体大力推进生态文明建设，将其纳入"五位一体"总体布局中，可以说，将生态文明建设上升至前所未有的高度。自2013年首次提出探索实施领导干部自然资源资产离任审计以来，各省份于2014年逐步展开试点。在这些试点开展地区，山东、湖北、内蒙古、湖南、贵州、江苏、广西、福建、陕西、四川10个省份于2014年率先探索审计试点，浙江、安徽、河北、海南、广东、吉林等10个省份于2015年开始自然资源资产离任审计试点，山西、江西等大部分地区也于 2016 年落实该项审计试点工作。为了准确测度自然资源资产离任审计对领导干部资源环境责任意识的影响，本章剔除了 2015 年试点开展的地区，并将 2012~2015 年作为样本区间，以尽可能减少样本间交叉感染问题。

各地区开展领导干部自然资源资产离任审计试点的信息来源于各地方政府网站及其审计厅（局）网站，如表 4-1 所示。

表 4-1 领导干部自然资源资产离任审计试点开展情况表

试点开始时间	试点地区
2014 年	山东、陕西、湖北、内蒙古、湖南、贵州、江苏、广西、福建、四川
2015 年	安徽、河北、浙江、海南、广东、吉林
2016 年	山西、江西、河南、北京、天津、云南、甘肃、新疆、辽宁、重庆

数据来源：各地区审计厅（局）官方网站。

本书所需的领导干部资源环境责任意识变量，主要通过引入"注意力"概念，利用相关事务语句在政府工作报告中所占比重加以衡量，其数据来自于各地方政府官方网站。本章手工收集并下载共 186 份各地区政府工作报告。

此外，本章的数据处理、描述性统计以及实证检验均使用统计软件 STATA11.0 进行处理。

二、领导干部资源环境责任意识及相关变量的度量

（一）领导干部资源环境责任意识（Notice）变量

研究领导干部资源环境责任意识（Notice），通过引入"注意力"概念，并运用注意力与政府决策相关理论加以解释。"注意力"代表着政府决策者对特定事务的关注，用以衡量地方政府领导干部精力投入。一般来说，人的意识形态寓于话语之中，并以语言的形式传递信息（Halliday，

1993，2003；Martin，1999）。因此，政府制定的公共政策，就是地方政府领导干部意识的集中体现，也代表着领导干部在特定时期内注意力分配状况。《政府工作报告》这一政策性文本，在回顾与总结过去一年的政府工作情况的同时，还总体安排当年政府的各项工作。对于领导干部来说，政府工作报告是其进行资源配置与精力投入的指挥棒；对社会公众而言，该报告传达着"政府未来重视什么"的信息。此外，该报告于两会期间发布，具有施政纲领性质，具有权威性，是反映政府注意力分配或者变化的重要载体。决策者对不同领域的关注程度存在差异，恰能较好地反映政府决策者在特定时期关注的重点，即注意力的指向问题。而不同事务的文字表述在《政府工作报告》中所占的比重，正好可以体现这种差异。

衡量领导干部资源环境管理意识（Notice）时，借鉴王印红等（2017）的方法，通过报告涉及的文字表述比重和关键字频率，来分析领导干部自然资源资产离任审计试点实施以来，地方政府领导干部分配在资源环境治理方面的注意力是否发生变化。在测度其注意力是否发生改变之前，首先需要准确界定"资源环境"的内容。那么，到底什么是与资源环境相关的政府事务呢？

根据《辞海》的解释，天然存在或者具有利用价值的自然物均属于自然资源，如土地资源、矿藏资源、生物资源、海洋资源等，它们一般以生产原料来源以及布局场所形式存在。可以说，自然资源是特定时间、技术条件下，自然环境因素的总称，它具有经济价值，提高人类福利的属性。此外，根据我国人大先后审议通过的《中华人民共和国森林法》《土地管理法》《矿产资源法》《海域使用管理法》……这些法律突出对森林资源的可持续利用、对耕地的管理、对矿产资源的开采、利用及相关管理，因此，与各种自然资源开发、利用和管理的事务都应纳入资源环境事务。随着工业化进程，对自然资源的过度开发、不当利用，均会破坏环境。作为生态系统组成部分之一，环境的改变必然会打破生态系统的稳定。

那么，在对《政府工作报告》文本的内容分析中，凡与上述主题，如自然资源开发、利用及生态环境保护等都应该纳入资源环境事务，凡与其相关的表述，也都可以视为领导干部注意力分配的体现。具体地，选择自然资源（如土地资源、耕地、水资源、矿山资源、森林资源、海洋资源等）、生态、生态环境、污染、节能减排（能源消耗产生环境污染，节能减排是环境治理的途径，因此属于相关事项）、可持续发展、绿色、环境治理、排放、生态环境保护、自然资源资产离任审计等关键词，提取《政府工作报告》中，所涉及的相关文字表述，然后分别计算这类关键词在报告中出现的比例，即报告中相关表述字数/报告字数计算得到。在具体操作过程中，对相关表述的判断，可以根据该句表述内容是否单一来定。如果整句都是关于资源环境的表述，那么，整句话都需要提取；但如果句子中不仅包括资源环境事务，还有其他内容，就需要截取该语句。在不改变语句基本主谓宾结构的基础上，仅对资源环境的表述进行统计。此外，还应特别注意各地区政府工作报告中对离任审计、自然资源资产离任审计、审计、自然资源资产负债表等的关注程度。

（二）领导干部自然资源资产离任审计试点地区变量（TREAT）

有关领导干部自然资源资产离任审计试点开展的信息，来源于各省、直辖市审计厅（局）官方网站及相关的新闻报道，手工收集，具体情况见表4-1。若所在地实施了领导干部自然资源资产离任审计试点（TREAT）取1，否则取0。

（三）领导干部自然资源资产离任审计试点开展时间虚拟变量（POST）

本章设置不同地区开展领导干部自然资源资产离任审计试点前后时间哑变量（POST），若该地区开展该项审计试点后POST取值为1；否则取值为0。

（四）控制变量

控制变量主要包括有无中央环保督察（巡视）（EPI）、地区类型（RD）、地区经济发展水平（GDP）、地区产业结构（Str）、地区法制化水平（LAW）。同时，本章控制年度固定效应（Year）以及地区固定效应（Province）。

中央环保督察（Environment Protection Inspect，EPI）是建设生态文明的重要抓手，层级高，由环保部牵头成立，代表党中央、国务院对各省（自治区、直辖市）党委和政府及其有关部门开展的环境保护督察的重要制度实践。环保监察将环境问题突出、重大环境事件频发、环境保护责任落实不力的地方作为先期督察对象，督察观察党中央决策部署、解决突出环境问题、落实环境保护主体责任情况。具体中央环保监察批次及时间数据来源于国家相关网站，如表4-2所示。

表4-2 中央环保督察时间表

批次	时间	涉及省份
试点期	2016年1月4日~2月4日	河北
第一批	2016年7月12日~8月19日	内蒙古、黑龙江、江苏、江西、河南、广西、云南、宁夏
第二批	2016年11月24日~12月30日	北京、上海、湖北、广东、重庆、陕西、甘肃
第三批	2017年4月26日~5月28日	天津、山西、辽宁、安徽、福建、湖南、贵州
第四批	2017年8月7日~9月15日	吉林、浙江、山东、海南、四川、西藏、青海、新疆

资料来源：生态环境部网站（原环境保护部）。

资源依赖型地区（Resource Dependent，RD）就是经济发展高度依赖本地自然资源状况的地区（王殿华，2005），通常通过采掘业产业的产值比重（采掘业产业占工业总产值10%以上视为资源依赖型地区）、投资比重（采掘业部门的投入水平（徐康宁、王剑，2006））以及就业比重（采矿业从业人数占从业总人数比重（邵帅、范美婷、杨莉莉，2013））加以衡量。地区自然资源综合禀赋状况可以在很大程度上反映领导干部资源环境管理的异质性特征，因此，控制该因素对领导干部资源环境管理意识的影响十分必要。一般来说，资源依赖型地区，环境污染相对严重，因此，更加重视资源环境管理；但有研究表明，经济发达地区由于承受了经济增长带来的污染负面效应，往往也会采取更为严苛的监管。

地区经济发展水平（GDP）。延续既有文献的传统，将实际人均地区国内生产总值作为主要控制变量，具体用"实际地区国内生产总值/当年地区年末户籍总人口"计算得到。为了综合反映地区经济发展水平，可以将人均地区财政一般预算收入的对数值、人均地区社会消费品总额对数值、人均地区居民存款余额的对数值作为补充指标。

地区产业结构（Str）。本章采用工业增加值占GDP比重加以测度。

法制化水平（LAW）。地区法制环境不同，领导干部对资源环境问题的认知不同。

三、模型设定

双重差分模型（Difference in Difference model），一种旨在通过对比政策发生前后，实验组和对照组之间变动差异的方法，多用来检验政策干预效果，目前是相关政策评价中较为常用的模型。为检验领导干部自然资源资产离任审计试点开展对地区领导干部资源环境责任意识的影响，本章采用该方法，构建模型（4-1）。

领导干部自然资源资产离任审计试点是分阶段、分步骤开展的，2014年，山东、湖北、内蒙古、湖南、贵州、江苏、广西、福建、陕西、四川10个省份的某些地区率先开展该项审计试点，2016年审计试点逐步深入扩大，最终在全国全面展开。领导干部自然资源资产离任审计试点可以看作是一个准自然实验，为了准确评价领导干部自然资源资产离任审计试点的开展对地区领导干部资源环境管理和生态环境保护责任意识的影响，参照前人做法，去除2015年试点开展地区，并将样本区间设定为2012~2015年，以确保数据更加准确。模型中变量的具体解释如表4-3所示。

第四章 自然资源资产离任审计影响领导干部资源环境责任意识的实证检验

$$\text{Notice} = \alpha_0 + \alpha_1 \text{TREAT} + \alpha_2 \text{POST} + \alpha_3 \text{Treat} \times \text{Post} + \alpha_i \sum_{i=4}^{n} \text{Control} + \varepsilon \quad (4-1)$$

表 4-3 变量说明

变量性质	变量符号	变量名称	变量度量
被解释变量	Notice	领导干部资源环境责任意识	注意力指标，利用政府工作报告中资源环境相关语句所占比重衡量；颁布的规章制度数
解释变量	TREAT	试点地区	如果地区开展了该项审计试点，则赋值为1；否则为0
	POST	试点时间	若地区开展该项审计试点后当年及以后年度POST取值为1；否则为0
控制变量	EPI	是否中央环保巡视	若在环保巡视期，取1；否则为0
	RD	地区类型	采掘业产值占比超过10%的视为资源依赖型地区，设为1；否则为0
	GDP	地区经济发展水平	以人均GDP自然对数衡量
	Str	地区产业结构	以工业增加值占GDP比重衡量
	LAW	法制环境	王小鲁、樊纲等市场化指数指标
	Year	年度效应	年度虚拟变量
	Province	地区效应	地区虚拟变量

第三节 实证检验结果及分析

一、描述性统计

表 4-4 是基本变量的描述性统计结果。从 Panel A 中可以看到在各地政府工作报告中，资源环境语句平均值为 7.171，中位数为 7.20。试点地区

表 4-4 基本变量描述性统计

			Panel A 全样本			
变量	平均值	中位数	标准差	最小值	最大值	样本量
Notice	7.171	7.20	2.176	1.25	13.78	99
TREAT	0.400	0	0.493	0	1	100
POST	0.500	0.50	0.503	0	1	100
GDP	10.699	10.585	0.429	9.889	11.590	100
Str	37.732	40.325	9.397	6.808	50.736	100
LAW	5.3579	4.295	3.764	0.440	16.120	100
			Panel B 试点地区			
变量	平均值	中位数	标准差	最小值	最大值	样本量
Notice	7.884	8.10	1.529	3.79	10.63	40
POST	0.50	0.50	0.5063	0	1	40
GDP	10.721	10.714	0.3695	9.8889	11.385	40
Str	41.389	41.591	3.9597	31.569	48.712	40
LAW	5.661	4.855	3.381	1.84	16.12	40
			Panel C 非试点地区			
变量	平均值	中位数	标准差	最小值	最大值	样本量
Notice	6.687	6.27	2.417	1.25	13.78	59
POST	0.50	0.50	0.504	0	1	60
GDP	10.684	10.553	0.467	9.998	11.589	60
Str	35.295	36.465	11.076	6.808	50.736	60
LAW	5.156	3.795	4.014	0.44	14.77	60

TREAT 变量是哑变量，其平均值是 0.400，中位数是 0，可判断出在整个样本中，试点地区样本大概占 40%。地区人均国民生产总值对数值的平均数为 10.699，高于中位数 10.585，说明存在一定右偏。

从 Panel B 中可以看到，试点地区政府工作报告中资源环境语句占比为 7.884%，高于全样本 7.171% 和非试点地区的 6.687%，这与本章预期基本一致。同时，也注意到，控制变量中，试点地区产业结构变量——工业增加值占比为 41.389，高于全样本 37.732 和非试点地区的 35.295，假设 H4-3 得到初步验证。

从 Panel C 中可以看到，非试点地区政府工作报告中资源环境语句占比（Notice）为 6.687%，低于试点地区的资源环境责任意识指标（Notice）；此外，法制化水平变量（LAW）为 5.156，低于试点地区的 5.661 和全样本的 5.3579，这与假设 H4-4 预期一致。

二、单变量分析

本章对不同地区（试点地区与非试点地区）及试点地区试点前后研究阶段分别做了两两均值 T 检验和 Mann-Whitney 检验，结果如表 4-5 所示。

表 4-5　不同地区及不同阶段主要变量的差异检验

Panel A　试点地区与非试点地区样本的差异比较

变量		（1）试点地区		（2）非试点地区		差异检验	
		均值	中位数	均值	中位数	（1）均值差异	（2）中位数差异
Notice	（1）	7.884	8.100	6.687	6.270	1.197***	1.83***

Panel B　试点地区试点前后样本的差异比较

变量		（3）试点后		（4）试点前		差异检验	
		均值	中位数	均值	中位数	（3）均值差异	（4）中位数差异
Notice	（2）	8.933	9.010	6.8355	7.010	2.0975***	2.000***

注：***、** 和 * 分别表示 1%、5%、10%显著性水平。

从表 Panel A 中可以看到，不同地区（试点地区与非试点地区）领导干部在资源环境方面的注意力变量（Notice）均值和中位数均存在 1%水平上的显著差异，这与假设 H4-1 预期基本一致。从表 Panel B 中可以看到，试点地区在试点开展后，地区领导干部资源环境责任意识变量均值显著增加。

三、相关性分析

表4-6是单变量之间的相关系数矩阵。注意力指标（Notice）与试点地区（TREAT）的相关系数分别为0.3209，在10%的水平上显著正相关，表明地区领导干部对资源环境管理的注意力与是否开展领导干部自然资源资产离任审计显著正相关，初步印证了研究假设H4-1，自然资源资产离任审计试点开展，会对领导干部资源环境责任意识产生影响，并做出了积极反应。

表4-6 相关系数表

变量	Notice	TREAT	POST	GDP	Str	LAW
Notice	1.0000					
TREAT	0.3209*	1.0000				
POST	0.2941*	0.0000	1.0000			
GDP	0.2967*	0.0940*	0.1933*	1.0000		
Str	0.1035*	0.2715*	−0.3152*	0.1975*	1.0000	
LAW	0.1299*	0.1892*	0.1143*	0.7083*	0.0988*	1.0000

注：***、**和*分别代表1%、5%和10%的显著性水平。

地区经济发展水平（GDP）变量与领导干部资源环境责任意识（Notice）变量的相关系数为0.2967，在10%的水平上显著正相关，表明地区经济发展水平越高的地区，领导干部对资源环境的关注程度相对更高；地区产业结构变量（Str）与领导干部资源环境责任意识（Notice）变量的相关系数为0.1035，在10%的水平上显著正相关，这一定程度上表明工业增加值占比更高的地区，领导干部资源环境责任意识改善更多，与假设H4-3预期一致。法制化程度指标（LAW）与领导干部资源环境责任意识（Notice）

的相关系数在10%的水平上显著为正（0.1299），表明法制化程度越高的地区，地区领导干部对资源环境管理的关注力更高，初步印证了假设H4-4；同时，TREAT变量与LAW变量之间呈显著正相关关系，表明试点地区的法制化程度相对更高。

四、双差分回归结果分析

为了验证自然资源资产离任审计试点开展能否发挥信号传递作用，且该项审计试点的实施能否有效促进领导干部资源环境责任意识的提高，运用样本数据对模型（4-1）进行了双差分回归，结果如表4-7所示。

表4-7 模型（4-1）的回归结果

变量	Notice	
	（1）	（2）
Treat × Post	1.5636** (2.48)	1.2075* (1.70)
TREAT	−1.2743 (−1.13)	−2.2876 (−0.24)
POST	0.9733* (1.90)	1.0372 (0.46)
GDP		3.2308 (0.46)
Str		0.0751 (0.50)
LAW		−0.2074 (−0.70)
Year /Province	Yes	Yes
CONS	8.3663 (10.13)	−27.2042 (−0.81)
N	99	99
R^2_a	0.5010	0.4894

注：*、**、***分别表示系数检验在10%、5%、1%水平上显著；括号中的数字代表t值。

自然资源资产离任审计试点对地区领导干部资源环境责任意识的净影响取决于时间虚拟变量和政策干预虚拟变量交叉项（Treat×Post）的回归系数。若交叉项的回归系数估计>0，且在设定的水平上显著，本书可认定"领导干部自然资源资产离任审计"具有积极的干预作用；反之亦然。

表4-7是利用模型（4-1）检验自然资源资产离任审计试点开展与地区领导干部资源环境责任意识关系的回归结果。列（1）（2）Treat×Post系数分别在5%、10%显著性水平下为正，意味着自然资源资产离任审计试点开展增强了地区领导干部对资源环境的关注力度，即提升地区领导干部资源环境责任意识，从而验证了假设H4-1。控制变量中，地区经济发展水平（GDP）、地区产业结构（Str）、地区法制化程度（LAW）与注意力指标（Notice）并不显著。

表4-7的检验证实假设H4-1，与未开展自然资源资产离任审计试点的地区相比，领导干部资源环境责任意识显著提升，具体体现为在政府工作中资源环境事务上分配的精力更多。

表4-8 不同经济发展水平、产业结构、市场化程度下的检验结果

变量	经济发展水平		地区产业结构		市场化程度	
	GDP_h	GDP_l	Str_h	Str_l	LAW_h	LAW_l
	（1）	（2）	（3）	（4）	（5）	（6）
Treat×Post	1.199 (1.04)	2.0803* (1.80)	2.786* (1.80)	0.514 (0.47)	1.3862 (1.05)	1.5216 (1.60)
TREAT	−0.105 (−0.12)	0.6656 (0.92)	−0.323 (−0.24)	0.3127 (0.46)	1.4364** (2.28)	−0.4609 (−0.19)
POST	1.3604 (1.32)	−0.1840 (−0.22)	−0.6126 (−0.43)	0.1067 (0.08)	1.3386 (1.20)	−0.1317 (−0.05)
CONTROLS	Yes	Yes	Yes	Yes	Yes	Yes
Year	Yes	Yes	Yes	Yes	Yes	Yes
N	50	49	49	50	37	62
R^2_a	0.1033	0.1164	0.1554	0.1482	0.5430	0.4720

注：***、**和*分别代表1%、5%和10%的显著性水平；括号里为t值。

表 4-8 是不同经济发展水平（GDP）、不同产业结构（Str）以及不同市场化程度（LAW）地区，自然资源资产离任审计试点开展对领导干部资源环境责任意识的影响差异。本书以中位数为标准，将高于中位数的定义为高，取值为 1；低于中位数的定义为低，赋值为 0。列（2）Treat×Post 系数在 10% 水平上显著为正，表明地区人均国民生产总值低（GDP_l）的地区，自然资源资产离任审计试点开展对该地区领导干部资源环境责任意识的影响更为显著。也就是说，开展自然资源资产离任审计以来，该地区领导干部感受到的"问责压力"更高，对地区资源环境管理的动机越强，越迫切。该结果基本验证了假设 H4-2。表（3）（4）列报告了产业结构（Str）不同的地区，自然资源资产离任审计试点对领导干部资源环境责任意识影响的差异。从列（3）中可以看到，相较于列（4），样本 Treat×Post 系数在 10% 显著性水平上为正，这意味着偏重于工业的产业结构的地区，领导干部资源环境责任意识受到自然资源资产离任审计试点的影响更显著，该结果基本验证了假设 H4-3。表（5）（6）列则报告了市场化程度不同的地区，自然资源资产离任审计试点开展对领导干部资源环境责任意识影响的差异，两组并不存在显著差异。似不相关方法（SUE）检验的结果也表明，两组的差异不显著（$\chi^2 = 1.64$）。这一结果与假设 H4-4 不一致，可能的解释是，自然资源资产离任审计试点开展，对地区化环境薄弱地区受到"坏消息"的影响，反应会更大，从而对领导干部资源环境责任意识改变的程度更加明显。

五、进一步分析

如前所述，本书通过分析领导干部在资源生态环境治理的注意力分配及变化，衡量自然资源资产离任审计试点对地区领导干部资源环境责任意识的影响。虽然人的意识寓于话语中，领导干部在《政府工作报告》中

"所讲"代表了其意识的变化。进一步地，行为也会体现人的意志、意识，出于对资源环境责任的重视，地区领导干部往往会增加制度供给[①]，这些制度安排在一定程度上反映了制度制定者的理念。因此，本书将地区颁布的规章制度数量（REGULATION）作为领导干部资源环境责任意识的另一替代指标。

地区领导干部资源环境责任意识增强，首要的是及时、全面地制定或更新地方资源环境法规、规章及环境质量标准和污染物排放标准，以提供适当的资源环境制度供给。借鉴李树和翁卫国（2014）的做法，本书进一步以各地区累计颁布的规章制度数量（REGULATION）佐证领导干部资源环境责任意识的变化，实证结果如表4-9所示。

表4-9 进一步分析结果

变量	REGULATION	
	（1）	（2）
Treat × Post	7.0667* (1.73)	7.5928* (1.87)
TREAT	−1.2833 (−0.44)	−2.2254 (−0.75)
POST	−2.2867 (−0.48)	−2.8831 (−0.61)
GDP		−0.0002** (−2.13)
Str		0.0144 (0.12)
LAW		0.9019* (1.87)
Year/Province	Yes	Yes

[①] 制度是一系列被制定出来的规则、守法程序和行为的道德伦理规范（诺斯，1981），政府在经济活动中的主要作用之一便是制定并推行经济活动的行为规则，即制度供给（胡乐明等，2014）。

续表

变量	REGULATION	
	（1）	（2）
CONS	−1317.02 （−0.33）	−2342.89 （−0.58）
N	100	100
R^2_a	0.0117	0.0280

注：*、**、***分别表示系数检验在10%、5%、1%水平上显著；括号中的数字代表t值。

从表4-9可以看出，列（1）（2）Treat×Post系数均在10%显著性水平下为正（7.0067、7.5928），这意味着在自然资源资产离任审计试点开展的地区，相关制度供给更多，也就意味着领导干部不仅仅是喊口号，其资源环境责任意识确实提高了，并采取了相应行动，佐证了假设H4-1。

六、稳健性检验

为进一步验证上述结论的稳健性，本书从以下三个方面实施稳健性检验：其一，采用市一级层面的数据，重新进行检验。其二，借鉴以往研究，去除政策冲击当年2014年样本加以验证。其三，变更相关变量的度量方式。前文通过对政府工作报告挖掘，作为领导干部资源环境责任意识的替代变量。作为生态文明建设的主导者，地方政府不仅是公共环境服务的主要提供者，承担促进经济和环境协调发展的任务，同时还是生态文明建设的推动者，积极组织开展环保宣传、教育及普及工作，促进属地公众环保意识的提高。因此，参考胡立新、韩琳琳（2016）、杨世迪（2017）等相关研究，采用当年开展的环境宣传教育活动次数作为衡量领导干部对资源环境事务重视程度的代理变量，并从《中国环境年鉴》手工收集该项数据。

(一) 采用市一级层面的数据

考虑到采用省、直辖市自治区层面的数据，可能结果不够稳健，因此，本章收集了2014年首批开展自然资源资产离任审计试点省份市级层面数据，具体情况统计如表4-10所示。但由于后文地方政府资源环境行为和属地资源环境质量的市级数据缺失比较严重，故仅在本章稳健性部分增加市级层面数据的检验。

表4-10 试点地区情况统计

实验组	控制组	实验组	控制组
陕西西安	陕西省其他城市	湖南娄底	湖南省其他城市
山东青岛、烟台	山东省其他城市	贵州赤水、荔波	贵州省其他城市
湖北黄冈	湖北省其他城市	江苏连云港	江苏省其他城市
内蒙古鄂尔多斯、赤峰	内蒙古自治区其他城市	广西全区	贵州省全部城市
福建福州	福建省其他城市	四川绵阳	四川省其他城市

资料来源：各地区审计厅（局）网站。

本书选取2012~2018年试点省份地级市相关数据，在剔除了变量缺失的样本后，共获得763个观测值。实证结果如表4-11所示。

表4-11 稳健性检验方法一的回归结果

变量	Notice		Notice	
	(1)	(2)	(3)	(4)
Treat × Post	0.0131** (2.36)	0.0125** (2.17)	0.0135** (2.46)	0.0129** (2.25)
TREAT	−0.0045 (−0.95)	−0.0051 (−1.04)	−0.0045 (3.25)	−0.0051 (−1.09)
POST	0.0344*** (8.71)	0.0368*** (8.16)	0.0343*** (8.99)	0.0366*** (8.37)
GDP		0.0014 (1.62)		0.0016* (1.67)
Str		0.0143 (1.13)		0.0141 (1.06)

续表

变量	Notice		Notice	
	（1）	（2）	（3）	（4）
Year/Province	Yes	Yes	Yes	Yes
CONS	0.0615*** (21.26)	0.0398 (3.36)	0.0615 (22.08)	0.0386 (3.13)
N	763	698	653	592
R^2_a	0.1409	0.1375	0.1718	0.1689

注：*、**、*** 分别表示系数检验在10%、5%、1%水平上显著；括号中的数字代表t值。

表4-11（1）（2）列报告了采用2012~2018年试点地区地级市样本的回归结果。结果显示，Treat×Post的回归系数依然显著为正（0.0131、0.0125），这意味着自然资源资产离任审计试点的实施，显著提高试点城市领导干部资源环境责任意识。表（3）（4）列剔除了政策冲击当年的影响，结果依然稳健。

（二）去除政策冲击当年的影响

表4-12是去除政策冲击当年影响的回归结果。从表4-12可以看到，列（1）（2）Treat×Post系数均在5%的水平上显著为正，分别为2.2532和2.0476。这两列相较于表4-7列（1）（2）样本，Treat×Post系数在更高显著性水平上且系数更大，说明自然资源资产离任审计试点开展滞后一期时，地区领导干部资源环境责任意识（Notice）提高更为显著。表4-12列（3）（4）Treat×Post系数均显著为正（10.1167、10.8034），相较于表4-9列（1）（2）样本，Treat×Post系数（7.0667、7.5928）在更高显著性水平上且系数更大，这意味着自然资源资产离任审计试点开展滞后一期时，地区现有有效的环保规章制度数量（REGULATION）增加更为明显。

表 4-12 稳健性检验方法二的回归结果

变量	Notice		REGULATION	
	（1）	（2）	（3）	（4）
Treat×Post	2.2532**	2.0476**	10.1167*	10.8034**
	(2.20)	(2.03)	(1.95)	(2.09)
TREAT	0.4008	0.5567	−1.283	−2.4869
	(0.67)	(0.92)	(−0.43)	(−0.80)
POST	−1.2396	−1.0084	3.0333	2.0599
	(−0.78)	(−0.65)	(0.38)	(0.26)
GDP		0.00004**		−0.0002**
		(2.41)		(−2.12)
Str		0.01375		0.02487
		(0.46)		(0.18)
Law		−0.2078*		1.1344*
		(−1.85)		(1.98)
CONS	−1254.893	−1022.947	3070.233	1679.935
	(−1.07)	(−0.88)	(0.52)	(0.28)
N	74	74	75	75
R^2_a	0.1565	0.1974	0.0320	0.0544

注：*、**、***分别表示系数检验在10%、5%、1%水平上显著；括号中的数字代表 t 值。

（三）变更领导干部资源环境责任意识的衡量方法

如前所述，以政府工作报告中关键字使用的频次反映了地区领导干部对资源环境事务的重视程度与认知变化。但作为生态文明建设的主导者，地方政府不仅是公共环境服务的主要提供者，承担促进经济和环境协调发展的任务，同时是生态文明建设的推动者，积极组织开展环保宣传、教育及普及工作，促进属地公众环保意识的提高。因此，参考相关研究，采用当年开展的环境宣传教育活动次数对数值（ACTIVITY）、当年开展的宣传活动人数对数值（PARTICIPATION）以及环境基地数（BASE）作为衡量领导干部对资源环境事务重视程度的另一代理变量。

由表 4-13 可以看到，Treat × Post 系数虽不显著，但值得注意的是，在该项审计开展以后，各地区环境教育宣传活动次数、参与人员数以及环境基地数显著增加，在一定程度上印证了自然资源资产离任审计的有效性。

表 4-13 稳健性检验方法三的回归结果

变量	ACTIVITY		PARTICIPATION		BASE	
	（1）	（2）	（3）	（4）	（5）	（6）
Treat × Post	−0.1567 (−0.67)	−0.3352 (−1.32)	0.3824 (0.92)	−0.1106 (−0.25)	−11.65 (−0.90)	−2.7295 (−0.19)
TREAT	−1.0837** (−2.57)	−7.6678** (−2.26)	−1.5398** (−2.05)	−11.1423* (−1.89)	−15.925 (−0.69)	227.9619 (1.22)
POST	0.4495** (2.40)	1.9872** (2.40)	0.1461 (0.44)	2.4376* (1.69)	19.50* (1.89)	−27.5425 (−0.60)
GDP		−3.2516 (−1.29)		−2.3771 (−0.54)		74.3012 (0.53)
Str		0.1168** (2.15)		0.201** (2.64)		−3.2211 (−1.07)
LAW		−0.1100 (−1.03)		−0.1362 (−0.73)		12.4234** (2.10)
CONS	6.3724*** (20.80)	42.3888 (1.50)	13.8715*** (2.39)	37.5606 (0.76)	30.14* (1.78)	−911.3672 (−0.58)
Year/Province	Yes	Yes	Yes	Yes	Yes	Yes
N	100	100	100	100	100	100
R^2_a	0.5907	0.6016	0.6068	0.6359	0.7955	0.8006

注：*、**、*** 分别表示系数检验在 10%、5%、1% 水平上显著；括号中的数字代表 t 值。

第四节 主要结论

本书沿着委托代理、机会主义、问责机制到自然资源资产离任审计这一逻辑路径，提出领导干部自然资源资产离任审计对地方政府领导干部资源环境责任意识具有积极影响。为了验证领导干部自然资源资产离任审计对地区领导干部资源环境责任意识的影响，基于注意力与政府决策相关理论的基础，本书选择了25个地方政府在实施试点前后的政府工作报告作为考察对象，对地方政府在资源环境治理的注意力分配与变化进行了测量与分析。这种文本分析法以相关词频和文字比例为依据，体现政府决策者在资源环境治理中投入了多少注意力。结果表明，自然资源资产离任审计试点的实施，对地区领导干部资源环境治理的注意力分配影响显著提高。进一步地，本书还分别对地区经济发展水平、地区产业结构以及法制化程度不同的地区进行了检验。结果发现，在经济发展水平低以及偏重工业的产业结构的地区，自然资源资产离任审计试点实施后，地区领导干部资源环境责任提高更为显著。

此外，本书还将地区现有有效的环保规章制度数量作为领导干部资源环境责任意识的另一替代指标。结果表明，出于对资源环境责任的重视，地区领导干部往往会增加制度供给，这些制度安排一定程度上反映了制度制定者的理念。

为了保证结果的稳定性，本书采用试点地区市级层面数据及剔除政策冲击当年的样本，进一步研究，结果依然稳健。研究表明，自然资源资产离任审计试点开展后一期时，对地区领导干部资源环境责任意识影响更为显著，提供了更多的相关制度供给，进一步证实了研究假设。研究还利用地方政府开展的社会环境宣传教育活动次数来衡量地方政府对环境保护的重视程度与环保力度。

第五章
自然资源资产离任审计影响地方政府资源环境治理行为的实证检验

如前所述，地方政府领导干部是政府行为的直接主体，其行为是领导干部意识的体现（钱先航等，2011）。第四章证实了自然资源资产离任审计试点开展确实影响领导干部资源环境责任意识。人在意识的基础上产生行为，不同的态度可产生不同的行为。那么，该项审计实施是否会经由领导干部资源环境责任意识进而影响其环境治理行为以及在何种程度影响其环境治理行为？国内外研究结果也表明，环境意识与环境行为之间存在显著差异，两者之间往往不会呈现出人们想象的紧密关系（武春友、孙岩，2006）。也有研究表明，环境意识与环境行为，只有在低成本情景里，这种亲密关系才可能出现（李兆东，2015）。本章在第四章的基础上，进一步研究领导干部自然资源资产离任审计的实施能否有利于倒逼地方政府调整环境治理行为，促进经济增长与环境污染的协调统一，真正促使领导干部履行其受托公共环境责任，也为进一步考察领导干部自然资源资产离任审计对地方政府领导干部资源环境行为的影响效应提供基础和依据。

第一节 理论分析与研究假设

领导干部作为政府行为的直接主体，其行为源于其面临的激励和约束机制，一般遵循着权力最大化的"政治人"逻辑和利益最大化的"经济人"逻辑，并在多重目标中权衡抉择并采取相应行动。

随着环境问题的日益严峻，国家层面高度重视，社会公众也积极呼吁。特别是十八大将生态文明建设纳入"五位一体"，将生态文明观念贯穿到经济、政治、文化和社会建设中。此后，国家领导人多次就"绿色发展""生态文明建设"阐明观点。据不完全统计，习近平就生态文明建设相关的讲话和批示超过 60 次，充分显示了党和国家对资源环境事务的高度重视和政策倾向。但"地方政府"作为追求可持续发展的重要场所（李金龙、游高端，2009），其领导干部能否在资源环境事务中有所作为，还受到绩效考核、财政分权、责任追究等多种因素影响。

在传统 GDP 政绩观、经济目标为主导的"政治晋升锦标赛"（周黎安，2007；徐现祥，2010）下，各级地方政府为了获取财政资源和政治晋升机会，倾向于经济增长，导致经济增长和环境保护失衡。尽管有学者对此质疑，但并不能完全否认地方官员的经济业绩对政治晋升的作用。在财政分权体制背景下，地方政府承担着环境保护的主要支出责任，这也给地方政府带来沉重的财政压力，因此，对资源管理和环境保护的投入可能不足。国务院 2011 年关于加强环境保护重点工作意见中提出，将环境质量的相关指标纳入地方政府政绩考核，作为领导干部晋升的重要指标，并在 2013 年建立了生态环境损害责任终身追究制。但在实际执行中，绩效考核指标设计缺乏明确、动态的量化标准，绩效评估参与主体单一化，这不能对地方政府领导干部构成环境污染防治的压力，也起不到约束、激励地方政府领导干部的环保行为的作用，环境保护的目标就更难实现。在这些因素作用下，地方政府作为治理环境的重要主体，很难将注意力转向环境治理。

多年来，国家多方寻求改善这一问题的方法，试图通过加大对地方政府环境领域的刺激和激励，从而规范和约束政府自然资源资产管理和环境保护行为。自然资源资产离任审计的提出，无疑为资源环境治理开辟了新的道路。

领导干部自然资源资产离任审计的实施，一方面，通过服务于领导干部生态损害责任终身追究制，对地方政府领导干部产生了威慑效应[①]，促使领导干部更加重视生态环境资源，从而规范和约束地方政府相关行为，采取积极措施改善地区资源环境质量；另一方面，领导干部自然资源资产离任审计以其专业性和独立性，为各级政府绩效考核保驾护航，对地方政府领导干部形成实实在在的压力。总的来说，在中央政府强调经济发展与地区资源环境承载能力相协调的趋势下，领导干部自然资源资产离任审计的实施，会促使地方政府将注意力大幅转向生态资源环境事务，并进而采取适当的行为，确保受托公共环境责任的履行。

因此，领导干部自然资源资产离任审计试点开展，会显著影响地方政府领导干部改变资源环境管理行为。

具体来说，地方政府作为受托环境治理主体，有义务解决地区资源环境问题，维护和改善地区资源环境质量。地方政府管理资源环境事务突出地体现在地方政府环境公共服务提供能力及环境监管能力等方面。

世界银行的研究表明，要想控制环境恶化的趋势，国家环保资金的投入占GDP的比例至少要达到1%~1.5%；环境质量要有所改善的话，环保

[①] 威慑效应是一种心理效应，该效应是由于相关的措施发生之后人们心理上的变化，这种变化会使人采取积极的措施去应对。许汉友等（2018）指出政府审计具有威慑效应。

资金投入占比最好达到 2%~3%。从各国实践研究看，环境政策的执行落实、环境问题的解决、环境质量的维护和改善必须有一定的环保资金投入。环境治理投资是中国政府介入环境领域最早的手段之一，也是最早的经济手段。环境治理投资在相当程度上决定着环境治理的好与坏，而且已成为社会公众评价政府公共服务水平和能力的重要参考指标。如果没有稳定的投入，环境保护目标将难以实现。我国的财政分权制度虽然给予了地方政府决策和行动的作用空间，但在领导干部自然资源资产离任审计产生的"压力"下，则是对地方政府的行为施加了激励和约束。为了更好地履行自然资源资产管理和生态环境保护责任，改善资源环境管理行为，增加对资源管理和环境保护的投入，则是地方政府领导干部的当务之急。因此，我们假设：

H5-1：自然资源资产离任审计试点开展，地方政府资源环境管理进程中的相关投入显著增加。

在资源环境治理领域，"政府失灵"的主要表现之一是地方政府对辖区内企业污染行为视而不见，放任自流，甚至与企业"合谋"，成为地方污染企业的"保护伞"。从某种程度上说，地方政府监管不力，是造成地区环境问题的根源。总之，地方政府能否改善所辖地区环境质量，实现经济与社会可持续发展的目标，很大程度上需要通过环境决策、监管与执法等行为预防和控制环境风险与损害、治理和修复被污染破坏的环境与资源、对企事业单位等生产经营者的环境违法行为进行监督与惩罚。

领导干部自然资源资产离任审计的实施，以其信息传递功能激励和约束着地方政府的资源环境投入和监管行为，对辖区内企业消极治污及违法行为，进一步加大处罚力度，以达到有效遏制企业的机会主义行为的目的。因此，我们假设：

H5-2：自然资源资产离任审计试点开展，地方政府领导干部对资源环境管理的相关监管显著增强。

| 第五章　自然资源资产离任审计影响地方政府资源环境治理行为的实证检验 |

第二节　研究设计

一、样本选择和数据来源

样本选择和数据来源见第四章。为了进一步分析领导干部自然资源资产离任审计的实施对领导干部相关行为的影响，选择中国各地区 2012~2015 年作为初始样本。考虑到西藏的数据缺失严重，故将其省略，最终选取中国内地 25 个省市区作为研究对象，共得到 100 个样本观察值。

本章地方政府资源环境管理行为来自各地区统计年鉴数据库、环境统计年鉴数据库，其他相关数据均来自 CSMAR、WIND 数据库。为避免离群值的影响，在 1% 水平上对数值型变量予以缩尾处理。

此外，本章的数据处理、描述性统计以及实证检验均使用统计软件 STATA11.0 进行处理。

二、地方政府资源环境管理行为及相关变量的度量

（一）地方政府资源环境管理行为

领导干部资源环境管理行为，是指在使用国家资源或在相关经济活动中，地方政府做出的所有政府行为，这些行为将会对生态环境保护、修复、破坏产生影响（马志娟等，2014）。地方主要领导特别是党政一把手对地方政府行为取向起决定性作用。从一定意义上来说，地方政府行为是地方主要领导干部行为的人格化体现。

1. 地方政府资源环境投资行为（INPUT）

地方政府除了需要根据中央政府精神，提供适合地区的环境制度供给，还需要执行中央制定的环境政策，而环境政策的执行落实离不开资金保障，可以说，资金投入是环境政策执行的基础性资源。因此，反映地方政府对属地生态环境问题的重视程度，代表其在治理污染方面所付出的努力，就可以用污染治理投资加以衡量。换句话说，地方政府领导干部在资源环境领域的资金投入越高，意味着领导干部更加重视资源环境领域，能更好地履行受托责任。查阅前人研究，多采用社会总投资额（韩强、曹洪军、宿洁，2009；王立岩，2010；毛晖等，2013）和环境治理支出（何平林、刘建平、王晓霞，2011；杨海生等，2008；刘琦，2013；李正升，2015）作为地方政府领导干部资源环境管理投入的替代指标。张成（2011）将工业污染治理投资完成额与工业增加值的比例作为其替代变量。

本书在借鉴前人研究的基础上，分别采用污染治理投资额（INPUT）绝对值和污染治理投资额变化率作为衡量指标。污染治理投资额具体分为环境污染治理投资总额（INPUT_t）、城镇环境基础设施建设投资（INPUT_c）、工业污染源治理投资（INPUT_i）、当年完成环保验收项目环保投资（INPUT_y）、环境污染治理投资占GDP比重（INPUT_p）等指标，并以工业增加值加以标准化，具体解释如表5-1所示。

表5-1 变量说明

变量性质	变量代码	变量名称	变量含义
因变量	INPUT	地方政府资源环境投入行为	包括环境污染治理投资总额（INPUT_t）、城镇环境基础设施建设投资（INPUT_c）等
	PUNISH	地方政府资源环境监管行为	由排污费收入总额以工业增加值标准化（SEWAGE_c）、缴纳排污费单位个数自然对数（SEWAGE_a）、排污费收入总额/缴纳排污费单位个数（PUNISH_1）衡量
			每万人环境监察机构数（MONITOR）衡量

第五章 自然资源资产离任审计影响地方政府资源环境治理行为的实证检验

续表

变量性质	变量代码	变量名称	变量含义
自变量	TREAT	试点地区	如果是试点地区，则设为 1；否则为 0
	POST	试点时间	若样本期间为政策冲击当年及以后年度，则取 1；否则，取 0
控制变量	GDP	地区经济发展水平	以各地区 GDP 自然对数衡量
	Urb	地区城镇化水平	以城市人口占总人口的比重（%）衡量
	Str	地区产业结构	以工业增加值占 GDP 的比重衡量
	LAW	地区法制环境	以王小鲁、樊纲等（2016）法律制度环境指数衡量

2. 地方政府资源环境监管行为（PUNISH）

地方政府的环境政策执行效果在很大程度上取决于地方政府的环境监管力度。目前，我国限制企业排污的最直接的经济手段，就是污染收费制度。有研究表明，企业污染行为确实受到排污费的实际征收率影响（Wang & Wheeler，2000，2005）。因此，排放收费制度作为环境治理中最有用的工具之一，能够反映政府对环境规制的监管力度。本书拟以排污收费情况（PUNISH）作为替代变量，具体包括排放每吨工业废水实际征收的排污费（杨海生，2008）、排污费收入总额/缴纳排污费单位个数、工业增加值/排放量（张文彬等，2010）以及排污费收入与工业增加值的比重（李胜兰，2014）作为衡量指标。

此外，政府设立的环境监察机构数及人员数，代表了地方政府为环保监督行为所做的努力，设立的监察机构越多，越有利于对企业排污行为监管，因此，该指标也可以反映领导干部在资源环境治理方面的监管力度。

（二）领导干部自然资源资产离任审计实施情况（TREAT）

有关领导干部自然资源资产离任审计试点地区的信息，与第四章一致（见表 4-1）。若所在地实施了领导干部自然资源资产离任审计试点（TREAT）取 1，否则取 0。由于领导干部自然资源资产离任审计于 2013 年底提出，2014 年各地陆续开始试点，因此本书以 2014 年为分界点，若样本期间为试点之后,则取 1;若样本期间为试点之前,即 2012~2013 年,则取 0。

(三) 其他主要控制变量

为了控制其他可能会对领导干部资源环境管理行为产生影响的因素,借鉴现有文献的做法,加入如下控制变量,并同时控制年度固定效应以及地区固定效应。

各地区经济发展水平(GDP)。地区经济发展水平决定着一个地区对资源环境投资的能力和对企业污染行为的容忍程度和执法力度。地区经济发展水平越高,政府财力越充裕,领导干部才更有能力和精力加大对资源环境领域投资,激励政府更好地履行受托公共环境责任。地区经济发展水平越低,地方政府越有可能倾向完成地方经济发展任务,而降低对资源环境投入和监管力度,从而导致更多的工业污染,并造成环境退化。本书借鉴吴建南等利用人均 GDP 增长率及财政赤字规模(财政支出与财政收入的差额)做法,以 GDP 自然对数来衡量。

城镇化水平(Urb)。地区污染排放量以及污染治理水平,往往受所在地区的城镇化水平的影响。城镇化水平越高,资源消耗和污染排放越多,这可能更加刺激当地居民对环境质量的诉求,同时促进政府增加在污染控制和治理方面的资金投入。借鉴他人文献,本书以城市人口占地区总人口的比重加以测度。

产业结构(Str)。目前,在我国,环境质量下降的大部分原因可归因于地区工业企业仍然采用的高能耗、高排放、低产出的生产方式。以粗放型生产方式为主的地区,环境污染程度越高,那么该地区的环境支出越高。本书以工业增加值占 GDP 的比重对产业结构进行测度。

地区法制环境(LAW)。一个地区的法制化环境,在一定程度上影响政府执法行为。本书拟采用王小鲁、樊纲等 2016 年的市场化指数指标中市场中介组织发育与法律制度环境指数来衡量。该项指数生成依据的是企业调查数据中企业对公检法机关执法公正及效率的评价,体现公检法机关在执法方面的公正性和效率性,该指标是衡量中国各地区市场化指数中较为权威的数据,在研究中得到广泛的采用。

三、模型设定

为了验证领导干部自然资源资产离任审计的实施能否促进领导干部加强对污染环境治理的投入以及对违法违规行为的处罚,从而更好地履行其公共受托环境责任。采用双差分方法,构建模型(5-1)、(5-2):

$$\text{INPUT} = \alpha_0 + \alpha_1 \text{TREAT} + \alpha_2 \text{POST} + \alpha_3 \text{Treat} \times \text{Post} + \alpha_i \sum_{i=4}^{n} \text{Control} + \varepsilon \quad (5-1)$$

$$\text{PUNISH} = \alpha_0 + \alpha_1 \text{TREAT} + \alpha_2 \text{POST} + \alpha_3 \text{Treat} \times \text{Post} + \alpha_i \sum_{i=4}^{n} \text{Control} + \varepsilon \quad (5-2)$$

为了进一步验证自然资源资产离任审计试点开展,通过显著提高领导干部资源环境责任意识,进而促进领导干部资源环境行为的改善,构建了模型(5-3)、(5-4):

$$\text{INPUT} = \alpha_0 + \alpha_1 \text{TREAT} + \alpha_2 \text{POST} + \alpha_3 \text{Treat} \times \text{Post} + \beta_1 \text{Notice} + \alpha_i \sum_{i=4}^{n} \text{Control} + \varepsilon$$

$$(5-3)$$

$$\text{PUNISH} = \alpha_0 + \alpha_1 \text{TREAT} + \alpha_2 \text{POST} + \alpha_3 \text{Treat} \times \text{Post} + \beta_1 \text{Notice} + \alpha_i \sum_{i=4}^{n} \text{Control} + \varepsilon$$

$$(5-4)$$

第三节 实证检验结果及分析

一、描述性统计

表5-2 不同地区样本描述性统计及T检验结果

变量名称	变量		(1)试点地区		(2)非试点地区		T检验
			均值	标准差	均值	标准差	(1) v.s (2)
政府投入行为 INPUT	INPUT_t	(1)	373.31	250.411	211.972	136.27	161.338***
	INPUT_c	(2)	225.11	147.399	131.493	106.924	93.612***
	INPUT_i	(3)	33.553	21.551	16.427	12.617	17.1258***
	INPUT_y	(4)	112.155	98.358	61.192	50.922	50.9633***
	INPUT_p	(5)	1.4018	0.6098	1.7697	0.8717	-0.3679**
政府监管行为 PUNISH	SEWAGE_c	(6)	11.0709	0.6149	10.2874	1.2059	0.7835***
	SEWAGE_a	(7)	9.1357	0.6036	8.5059	0.8466	0.6299***
	PUNISH_1	(8)	8.7910	7.1961	7.3045	3.864	1.4860*
控制变量 CONTROL	GDP	(9)	10.065	0.582	9.191	0.999	0.8749***
	Urb	(10)	52.532	7.807	56.173	17.661	-3.6409
	Str	(11)	48.624	4.129	44.383	9.089	4.241**
	LAW	(12)	5.661	3.381	5.156	4.014	0.5056

注：***、**和*分别表示1%、5%和10%水平上显著。

表5-2是试点地区与非试点地区主要变量的描述性统计及组间差异结果。从领导干部自然资源资产离任审计试点地区来看，试点地区环境污染治理投资总额（INPUT_t）、城镇环境基础设施建设投资（INPUT_c）、工业污染源治理投资（INPUT_i）、当年完成环保验收项目环保投资（INPUT_y）

的均值分别为 373.31、225.11、33.553、112.155，明显高于非试点地区的 211.972、131.493、16.427、61.192，且这些反映地区污染治理投资额的指标均与非试点地区存在不同水平的显著差异，这表明领导干部自然资源资产离任审计的实施，刺激了该地区领导干部对资源环境治理的投入行为，与本书预期基本一致，初步验证假设 H5-1。

就政府监管力度来看，试点地区的惩罚力度（SEWAGE）（11.0709、9.1357）比非试点地区力度（10.2874、8.5059）更大，且在 1% 的水平上存在显著差异，这一定程度上验证了本章基本假设 H5-2。

表 5-3 不同阶段样本描述性统计及 T 检验结果

变量名称	变量		（1）试点后		（2）试点前		T 检验
			均值	Std.	均值	Std.	（1）v.s（2）
政策执行行为	INPUT_t	(1)	399.30	258.36	347.32	246.05	51.98
	INPUT_c	(2)	236.91	147.07	213.31	150.58	23.60
	INPUT_i	(3)	35.45	22.21	31.65	21.57	3.805
	INPUT_y	(4)	121.93	113.03	102.38	82.95	19.55
	INPUT_p	(5)	1.42	0.66	1.39	0.57	0.393
政府监管行为	SEWAGE_c	(6)	11.00	0.61	11.14	0.63	−0.1406
	SEWAGE_a	(7)	9.06	0.65	9.21	0.56	−0.1424
	PUNISH_l	(8)	8.99	7.77	8.59	6.77	1.873
控制变量	GDP	(9)	10.15	0.57	9.98	0.59	0.1722
	Urb	(10)	53.81	7.58	51.25	8.01	2.5575
	Str	(11)	47.35	3.55	49.90	4.36	−2.5545**
	LAW	(12)	5.85	3.19	5.57	3.64	0.3795

注：***、** 和 * 分别表示 1%、5% 和 10% 水平上显著。

表 5-3 是试点地区在试点前后主要变量的描述性统计分析结果。从表中第（1）行至第（5）行可见，试点地区环境污染治理投资总额（INPUT_t）、城镇环境基础设施建设投资额（INPUT_c）、工业污染源治理投资额（INPUT_i）、当年完成环保验收项目环保投资额（INPUT_y）分别从 347.32、

213.31、31.65、102.38 上升到 399.30、236.91、35.45、121.93，但是并不存在显著差异。试点地区的政府监管力度（PUNISH_1）也由 8.59 上升至 8.99，且不显著。如表所述，领导干部自然资源资产离任审计实施后，试点地区在环保投入以及监管力度方面都有所提高和改善，与本书的假设基本一致。

对于主要控制变量，从理论上说，开展领导干部自然资源资产离任审计的试点地区，对生态资源环境更重视，当地的产业结构更加优化，而法制环境也会更加好。在描述性分析中，试点地区工业增加值占比（Str）均值在实施该项审计后（47.35）明显低于实施前（49.90），这与理论分析一致，基本印证了基本假设。

二、单因素分析

本书对不同地区地方政府资源环境治理投入（INPUT）以及处罚力度（PUNISH）分别做了两两均值 T 检验和 Mann-Whitney 检验，结果如表 5-4 所示。从表中可以看到，实施领导干部自然资源资产离任审计的试点地区环境治理投资（INPUT_t）均值和中位数均值在 1% 的水平上显著高于非试点地区；试点地区的环境处罚力度（PUNISH_1）均值和中位数也高于非试点地区，但不同地区间处罚力度中位数不显著。总的来看，这与我们的假设基本一致。

表5-4 不同地区地方政府资源环境管理行为差异比较

变量	试点地区			非试点地区			差异检验	
	样本量	均值	中位数	样本量	均值	中位数	均值差异	中位数差异
INPUT_t	40	373.31	249.75	60	211.97	194.2	161.34***	55.55***
PUNISH_1	样本量	均值	中位数	样本量	均值	中位数	均值差异	中位数差异
	40	8.791	6.298	60	7.3045	6.114	1.486*	0.184

注：***、** 和 * 分别表示 1%、5% 和 10% 水平上显著。

表 5-5 是试点地区在不同时期主要变量的差异比较结果。从表中可看出,审计试点实施后,试点地区在环境污染治理投入(INPUT_t)指标在均值和中位数方面高于试点开始之前,但并不存在显著差异,这说明领导干部自然资源资产离任审计的实施,促使当地领导干部加大了环境治理投资。同时,在试点开始前,试点地区和非试点地区之间的惩罚力度(PUNISH_1)有显著差异,但在试点之后,两类地区间的差异并不显著。

表 5-5　不同阶段地方政府资源环境管理行为差异比较

变量	试点后			试点前			差异检验	
	样本量	均值	中位数	样本量	均值	中位数	均值差异	中位数差异
INPUT_t	20	399.30	273.3	20	347.32	233.95	51.98	39.35
PUNISH_1	样本量	均值	中位数	样本量	均值	中位数	均值差异	中位数差异
	20	8.99	5.97	20	8.59	6.50	0.40	−0.53

注:***、** 和 * 分别代表 1%、5% 和 10% 的显著性水平。

三、相关性分析

表 5-6　相关系数表

变量	INPUT	PUNISH	TREAT	GDP	Urb	Str	LAW
INPUT	1.000						
PUNISH	0.2527*	1.000					
TREAT	0.3118*	0.0035	1.000				
GDP	0.6926*	−0.0459	0.4773*	1.000			
Urb	0.4372*	0.1557*	−0.0279	0.4793*	1.000		
Str	0.1874*	0.4121*	0.2182*	0.1595*	0.0622	1.000	
LAW	0.4100*	−0.1490*	0.1892*	0.6718*	0.7495*	−0.0746*	1.000

注:***、** 和 * 分别代表 1%、5% 和 10% 的显著性水平。

表 5-6 是被解释变量 INPUT 和 PUNISH 与解释变量 TREAT 以及主要控制变量之间的相关关系。如表所示,实施了领导干部自然资源资产离任审

计的地区环境污染治理投资总额（INPUT_t）和惩罚力度（PUNISH_1）之间呈现显著正相关关系，表明审计试点地区环境污染治理投资力度和惩罚力度都更大，说明领导干部自然资源资产离任审计的实施有效影响了地方政府相关行为，与假设预期一致。城镇化程度越高的地区，环境污染投资显著更高。

四、回归结果分析

表5-7 模型（5-1）的回归结果

变量	（1） INPUT_t		（2） INPUT_c		（3） INPUT_p	
Treat × Post	61.05** (2.12)	53.99* (1.69)	34.95** (2.12)	29.038* (1.90)	0.323* (1.93)	0.3063* (1.65)
TREAT	−251.75*** (−4.85)	−441.19 (−0.83)	−267.13*** (−8.99)	−601.73* (−2.01)	−0.984*** (−3.26)	−3.563 (−1.16)
POST	−2.752 (−0.12)	−65.266 (−0.53)	−17.001 (−1.29)	−26.755 (−0.38)	−0.298** (−2.22)	−0.367 (−0.51)
GDP		385.81 (1.06)		220.61 (1.08)		1.645 (0.78)
Urb		−6.779 (−0.54)		−8.158 (−1.15)		−0.0753 (−1.03)
Str		0.0097 (0.00)		1.6961 (0.40)		0.0134 (0.31)
LAW		−5.039 (−0.37)		−5.964 (−0.78)		0.0111 (0.14)
Year/Province	Yes	Yes	Yes	Yes	Yes	Yes
CONS	442.03*** (11.70)	−2697.35 (−0.80)	410.80*** (19.00)	−680.01*** (−2.80)	1.809*** (9.19)	−7.939 (−0.41)
N	100	100	100	100	100	100
R^2_a	0.1132	0.1444	0.1003	0.1609	0.1724	0.2038

注：***、** 和 * 分别代表1%、5%和10%的显著性水平；括号中为t值。

第五章 自然资源资产离任审计影响地方政府资源环境治理行为的实证检验

表 5-7 是自然资源资产离任审计影响地方政府资源环境投入行为的回归结果，其中被解释变量主要采用环境污染治理投资总额（INPUT_t）、城镇环境基础设施投资（INPUT_c）以及环境污染治理投资总额占比（INPUT_p）指标。如表 5-7 所示，列（1）（2）（3）Treat × Post 系数均显著为正，意味着自然资源资产离任审计试点的开展增强了地方政府在资源环境治理方面的投资行为，验证了假设 H5-1。表 5-7 的检验证实，与未开展自然资源资产离任审计试点地区相比，试点地区政府显著增加了资源环境方面的投资，具体表现为环境污染治理投资总额（INPUT_t）、城镇环境基础设施投资（INPUT_c）以及环境污染治理投资总额占比（INPUT_p）显著增加。

表 5-8 模型（5-2）的回归结果一

变量	(1)		(2)	
	SEWAGE_c		PUNISH_1	
Treat × Post	−0.6549*** (−3.07)	−0.3491** (−2.04)	−1.397** (−2.35)	−1.19436* (−1.94)
TREAT	1.2017*** (3.16)	−15.6238*** (−5.19)	10.367*** (9.69)	−22.749** (−2.23)
POST	1.1723*** (6.69)	2.5876*** (3.82)	2.297*** (4.84)	5.6297** (2.27)
GDP		0.4398 (0.22)		0.1747 (0.02)
Urb		−0.5110*** (−7.41)		−0.8275*** (−3.40)
Str		0.0079 (0.18)		0.1323 (0.92)
Law		0.1301* (1.79)		−0.0375 (−0.14)
Year/Province	Yes	Yes	Yes	Yes
CONS	7.1551*** (25.82)	44.2851** (2.41)	2.9375*** (3.77)	68.7175 (1.06)
N	98	98	100	100
R^2_a	0.4230	0.7044	0.2726	0.3888

注：***、** 和 * 分别代表 1%、5% 和 10% 的显著性水平；括号中为 t 值。

表 5-8 是利用模型（5-2）检验自然资源资产离任审计试点开展对地方政府资源环境监管行为影响的回归结果。如表所示，列（1）（2）Treat × Post 系数均在 1% 显著性水平下为负，意味着开展自然资源资产离任审计试点的地区排污费收入（SEWAGE_c）与单位排污费收入额（PUNISH_1）显著降低，说明这些地区在实施该项审计后，当地领导干部实施了更加严格的资源环境监管，有效抑制了地区相关企业排污的数量，因此，缴纳的排污收费显著降低。为了进一步证实结论，本书选取了其他替代指标加以证实。

地方政府资源环境的监管力度在很大程度上与地区资源环境的监测力度有关，因此本书选择各地区的环境监测情况（MONITOR）（环境监测部门机构数）作为领导干部监管行为的替代变量，重新利用模型（5-2）进行检验，结果如表 5-9 所示。

表 5-9 模型（5-2）的回归结果二

变量	MONITOR	
	（1）	（2）
Treat × Post	1.583* (1.75)	2.0116* (1.66)
TREAT	45.3167** (2.49)	20.6132 (1.58)
POST	1.2867* (1.78)	−3.147 (−1.32)
GDP		25.2223*** (3.73)
Urb		−0.9318*** (−2.69)
Str		−0.2415 (−1.15)
LAW		0.1047 (0.21)
Year/Province	Yes	Yes

续表

变量	MONITOR	
	（1）	（2）
CONS	69.953*** (6.08)	−96.902* (−1.87)
N	100	100
R^2_a	0.2186	0.6297

注：***、** 和 * 分别代表1%、5%和10%的显著性水平；括号中为t值。

如表 5-9 所示，列（1）（2）Treat×Post 系数均在 10% 的显著性水平下为正，意味着自然资源资产离任审计试点的开展增强了地区政府在资源环境治理方面的监管行为，验证了研究假设 H5-2。表 5-9 的检验证实，与未开展自然资源资产离任审计试点地区相比，试点地区政府显著加大了资源环境监管力度，具体表现为环境监管机构数量的显著增加，也进一步印证了表 5-8 的回归结论。

为了进一步检验自然资源资产离任审计试点开展经由领导干部资源环境责任意识提高，进而引起地区领导干部资源环境行为的改善，本书在模型（5-1）、（5-2）中加入领导干部资源环境责任意识（Notice）作为中介变量构建模型（5-3）、（5-4），回归结果如表 5-10 所示。

表 5-10 模型（5-3）、（5-4）的回归结果

变量	INPUT_t		SEWAGE_c	
	（1）	（2）	（3）	（4）
Treat×Post	53.99* (1.69)	30.033 (0.94)	−0.3491** (−2.04)	−0.1983 (−1.15)
TREAT	−441.19 (−0.83)	−3.528 (−0.07)	−15.6238*** (−5.19)	−15.5392*** (−5.39)
POST	−65.266 (−0.53)	−25.278 (−0.52)	2.5876*** (3.82)	2.5302*** (3.90)
Notice		16.408*** (3.03)		0.0813** (2.55)

续表

变量	INPUT_t		SEWAGE_c	
	(1)	(2)	(3)	(4)
GDP	385.81 (1.06)	214.515 (0.61)	0.4398 (0.22)	0.7873 (0.41)
Urb	−6.779 (−0.54)	−5.215 (−0.43)	−0.5110*** (−7.41)	−0.5239*** (−7.93)
Str	0.0097 (0.00)	0.8567 (0.12)	0.0079 (0.18)	−0.0109 (−1.26)
LAW	−5.039 (−0.37)	−2.429 (−0.19)	0.1301* (1.79)	0.1253* (1.79)
Year/Province	Yes	Yes	Yes	Yes
CONS	−2697.35 (−0.80)	−1623.08 (−0.54)	44.2851** (2.41)	43.1856** (2.44)
N	100	99	98	97
R^2_a	0.1444	0.4371	0.7044	0.7344

注：***、** 和 * 分别代表1%、5%和10%的显著性水平；括号中为 t 值。

表5-10列（1）（3）报告了模型（5-1）、（5-2）的回归结果，如前所述，表明自然资源资产离任审计试点开展显著影响地区领导干部资源环境投入行为及监管行为。列（2）（4）则报告了加入领导干部资源环境责任意识变量（Notice）构建的模型（5-3）、（5-4）的回归结果。可以看到，列（2）领导干部资源环境责任意识（Notice）变量系数在1%的显著性水平下为正（16.408），而且 Treat × Post 系数与列（1）相比，数值明显变小，且不显著，表明自然资源资产离任审计试点开展对地区领导干部资源环境投入行为的影响，完全是通过领导干部资源环境责任意识提高实现的，这与我们预期一致。由列（4）可以看到，Notice 系数显著为正，而且该列 Treat × Post 系数为−0.1983，并不显著，这表明领导干部资源环境责任意识有助于自然资源资产离任审计试点开展对领导干部资源环境监管行为的影响，具有中介效应。

五、进一步检验

我们进一步以地区经济发展水平（GDP）、地区城镇化水平（Urb）、地区产业结构（Str）以及地区法制化程度（LAW）中位数为基准，高于中位数（9.6679、52.495、47.56、5.3579）的取1，定义为高样本（High），否则取0，定义为低样本（Low）。

表5-11 进一步检验一：对地方政府资源环境投入行为的影响

变量 INPUT_t	(1) GDP_h	(2) GDP_l	(3) Urb_h	(4) Urb_l	(5) Str_h	(6) Str_l	(7) LAW_h	(8) LAW_l
Treat×Post	20.315 (0.61)	42.074** (2.02)	0.1707 (0.77)	0.5149* (1.74)	40.359* (1.70)	27.102 (1.02)	35.952 (0.68)	70.43* (1.90)
TREAT	50.636 (0.66)	−11.124 (−0.24)	0.1035 (0.21)	−0.7372 (−1.35)	30.165 (0.43)	−19.122 (−0.27)	−42.38 (−0.31)	−32.85 (−0.46)
POST	−1.745 (−0.07)	−12.351 (−1.59)	−0.2957 (−1.29)	−0.2191 (−0.68)	−44.199* (−1.76)	−21.221 (−1.21)	−85.44 (−1.60)	−64.346 (−1.38)
CONS	185.32*** (3.10)	109.64*** (5.22)	7.129** (2.09)	1.6303 (0.72)	−1327.59*** (−3.24)	−401.42 (−1.41)	−3644.3*** (−3.70)	−937.3*** (−2.98)
Controls	Yes	Yes	Yes	Yes	Yes	Yes	Yes	Yes
Year	Yes	Yes	Yes	Yes	Yes	Yes	Yes	Yes
N	50	50	50	50	50	50	37	63
R^2	0.0327	0.0104	0.2598	0.2585	0.5502	0.6078	0.7730	0.5757

注：***、**和*分别代表1%、5%和10%的显著性水平；括号中为t值。

表5-11中列（1）（2）报告了经济发展水平不同样本，自然资源资产离任审计对地方政府资源环境投入行为（INPUT_t）的影响。由列（2）所示，Treat×Post系数在5%的水平上显著为正，说明经济发展水平较低的地区，自然资源资产离任审计试点开展提高地方政府资源环境投资力度更为显著。列（3）（4）报告了城镇化水平不同样本，自然资源资产离任审计对地方政府资源环境投资行为的影响。由列（4）所示，Treat×Post系数在

10%的水平上显著为正，说明城镇化水平较低（Urb_l）的地区，自然资源资产离任审计试点开展提高地方政府资源环境投资力度更为显著。列（5）（6）报告了产业结构（Str）的不同样本，自然资源资产离任审计对地方政府资源环境投资行为的影响。由列（5）可以看到，Treat × Post 系数在10%的水平上显著为正，说明偏重于工业的产业结构地区，自然资源资产离任审计试点开展提高地方政府资源环境投资力度更为显著。列（7）（8）报告了法制化水平（LAW）不同样本，自然资源资产离任审计对地方政府资源环境执行行为的影响。由列（8）所示，Treat × Post 系数在10%的水平上显著为正，说明法制化水平较低的地区，自然资源资产离任审计试点开展提高地方政府资源环境投资力度更为显著。

表5–12 进一步检验二：对地方政府资源环境监管行为的影响

变量 SEWAGE_c	（1） GDP_h	（2） GDP_l	（3） Urb_h	（4） Urb_l	（5） Str_h	（6） Str_l	（7） LAW_h	（8） LAW_l
Treat × Post	−1.283 (−1.26)	−4.005*** (−3.24)	−0.682*** (−3.24)	−0.1496 (−1.52)	−0.2833 (−0.29)	−2.442** (−2.56)	−2.897** (−2.37)	−1.0027 (−1.24)
TREAT	0.239 (0.05)	2.1956 (1.38)	−0.246 (−0.62)	−0.526* (−1.76)	3.0669 (0.84)	−0.5193 (−0.20)	2.2314 (0.65)	2.9403 (1.06)
POST	2.773** (1.99)	3.35*** (3.54)	0.803*** (3.86)	−0.399*** (−3.27)	2.153* (1.94)	2.315*** (3.70)	5.118*** (3.99)	0.4176 (0.35)
CONS	5.2456 (0.30)	−12.61*** (−3.11)	−2.7221 (−0.98)	1.3251 (1.13)	12.853 (0.61)	2.5505 (0.25)	−0.075 (−0.00)	5.702 (0.50)
Controls	Yes	Yes	Yes	Yes	Yes	Yes	Yes	Yes
Year	Yes	Yes	Yes	Yes	Yes	Yes	Yes	Yes
N	50	50	50	50	50	50	37	63
R^2_a	0.0393	0.7294	0.6745	0.8294	0.3733	0.1161	0.2316	0.4403

注：***、**和*分别代表1%、5%和10%的显著性水平；括号中为t值。

表5–12中列（1）（2）报告了经济发展水平不同样本，自然资源资产离任审计对地方政府资源环境监管行为（SEWAGE_c）的影响。由列（2）所示，Treat × Post 系数在1%的水平上显著为负，说明经济发展水平较低

（GDP_l）的地区，自然资源资产离任审计试点开展降低地方政府排污费水平更为明显。列（3）（4）报告了城镇化水平（Urb）不同样本，自然资源资产离任审计对地方政府资源环境监管行为的影响。由列（3）所示，Treat × Post 系数在 1% 的水平上显著为负，说明城镇化水平较高的地区，自然资源资产离任审计试点开展降低地方政府排污收费水平更为显著。列（5）（6）报告了产业结构（Str）的不同样本，自然资源资产离任审计对地方政府资源环境监管行为的影响。由列（6）可以看到，Treat × Post 系数在 5% 的水平上显著为负，说明非偏重于工业的产业结构地区，自然资源资产离任审计试点开展降低地方政府排污收费水平更为显著。列（7）（8）报告了法制化水平（LAW）不同样本，自然资源资产离任审计对地方政府资源环境执行行为的影响。由列（7）所示，Treat × Post 系数在 5% 的水平上显著为负，说明法制化水平较高的地区，自然资源资产离任审计试点开展降低地方政府排污费水平更为显著。

六、稳健性检验

为验证上述分析结果的稳健性，我们主要借鉴以往研究，去除政策冲击当年 2014 年样本加以验证，本书结论基本维持不变，稳健性检验的回归结果如表 5-13 所示。

表 5-13 稳健性检验的回归结果

变量	INPUT_t		SEWAGE_c		MONITOR	
	（1）	（2）	（3）	（4）	（5）	（6）
Treat × Post	86.49** (2.44)	75.742* (1.86)	−0.843*** (−2.83)	−0.3759* (−1.72)	2.183* (1.81)	3.0397* (1.78)
TREAT	−210.80*** (−3.57)	−362.37 (−0.63)	1.3732*** (2.85)	−14.2925*** (−4.36)	45.317*** (2.49)	15.729 (1.18)
POST	−12.928 (−0.53)	−56.303 (−0.40)	1.249*** (5.88)	2.2258*** (2.91)	1.0467 (1.25)	−4.566* (−1.71)

续表

变量	INPUT_t		SEWAGE_c		MONITOR	
	（1）	（2）	（3）	（4）	（5）	（6）
GDP		297.87 (0.74)		1.3446 (0.61)		30.679*** (4.26)
Urb		−4.089 (−0.31)		−0.5177*** (−7.14)		−1.211*** (−3.21)
Str		0.959 (0.11)		−0.0189 (−0.39)		−0.419* (−1.68)
LAW		−5.986 (−0.36)		0.1856** (2.10)		−0.3738 (−0.57)
Year/Province	Yes	Yes	Yes	Yes	Yes	Yes
CONS	390.01*** (9.11)	−2128.11 (−0.57)	6.9719*** (19.94)	−2.6893 (−0.25)	69.953*** (6.08)	−120.547** (−2.21)
N	75	75	75	75	75	75
R^2_a	0.8772	0.8706	0.4576	0.7788	0.2180	0.7101

注：***、**和*分别代表1%、5%和10%的显著性水平；括号中为t值。

从表 5-13 可以看到，列（1）（2）Treat × Post 系数均在 10% 的水平下显著为正，分别为 86.49 和 75.742。这两列相较于表 5-7 列（1）（2）样本，Treat × Post 系数在更高显著性水平上且系数更大，说明自然资源资产离任审计试点开展滞后一期时，地区领导干部资源环境投资力度（INPUT_t）增强更为显著。表 5-13 列（3）（4）Treat × Post 系数均在 1% 的水平下显著为负（−0.843、−0.3759），与基本结论一致。表 5-13 列（5）（6）Treat × Post 系数均在 10% 的水平下显著为正，相较于表 5-9 样本，Treat × Post 系数（1.583、2.0116）更大，这意味着自然资源资产离任审计试点实施后的年度，地方政府在环境监测方面的投入（MONITOR）增加更为明显。

| 第五章 自然资源资产离任审计影响地方政府资源环境治理行为的实证检验 |

第四节 主要结论

地方政府作为受托环境治理主体，承担着自然资源资产利用和生态环境保护的责任。地方政府管理资源环境事务突出地体现在地方政府环境公共服务提供能力及环境监管能力等方面。我们在第四章的基础上，验证自然资源资产离任审计试点开展对地方政府资源环境政策执行行为和监管行为的影响，以及领导干部资源环境责任意识是否在其间发挥中介作用。

本书以环境污染治理投资总额、城镇环境基础设施建设投资及环境污染治理投资占比为地方政府资源环境政策执行行为的替代指标，以排污费情况作为地方政府资源环境监管行为的替代指标，结果表明，自然资源资产离任审计试点的实施显著提高地区领导干部资源环境政策执行行为及监管行为；进一步地，我们将领导干部资源环境责任意识作为中介变量加入模型，研究发现，自然资源资产离任审计试点开展对地区领导干部资源环境管理行为的改善，是经由领导干部资源环境责任意识提高这一中介间接实现的。

此外，本书还分别对地区经济发展水平、城镇化水平、地区产业结构以及法制化程度不同的地区进行了检验，结果发现，自然资源资产离任审计试点实施后，地方政府资源环境投资力度和监管行为存在地区异质性。

为了保证结果的稳定性，我们剔除政策冲击当年的样本，研究表明，自然资源资产离任审计试点开展滞后一期时，地区领导干部资源环境行为改善更为显著，环境污染治理投资额增加，同时监管力度增强，进一步证实了研究假设。

第六章
自然资源资产离任审计影响属地资源环境质量的实证检验

如前所述,自然资源资产离任审计试点实施会对领导干部资源环境责任意识及其行为产生影响。地方政府领导干部通过加大环保投资力度以及加强环境监管等行为履行受托环境责任,那么,这些行为有没有促进自然资源资产节约集约利用和生态环境安全呢?本章在第五章的基础上,进一步研究自然资源资产离任审计试点实施给属地资源环境质量所带来的影响。本书首先确定代表地区自然资源资产状况、生态环境质量的相关变量;在此基础上,分析领导干部自然资源资产离任审计与地区资源环境质量关系,并选择双差分模型实证检验该项审计制度经由地方政府领导干部资源环境意识及行为对地区资源环境质量的影响效应,以期为国家自然资源资产节约集约利用和生态环境安全提供依据。

第一节 理论分析与研究假设

国家审计是国家治理中的"免疫系统",具有预防、揭示和抵御功能(刘家义,2015)。领导干部自然资源资产离任审计试点的开展,以编制自然资源资产负债表试点相关内容和相关部门统计监测数据为基础，将被审计领导干部任职前后，属地自然资源资产实物量变化，属地生态环境质量状况变化等作为审计主要内容，并以其独立性和专业性，对领导干部任职期间履行受托资源环境责任情况进行审计。从理论上讲，该项审计可以对领导干部在资源环境管理中的道德风险和逆向选择行为进行威慑，从而促进领导干部更好地履行自然资源资产管理和生态环境保护责任，实施一系列资源环境治理举措，进而使得地区自然资源合理利用并且生态环境得以改善。

领导干部自然资源资产离任审计，主要是通过对领导干部任职期间，所在辖区内土地资源、水资源、森林资源等不同类别自然资源资产和水、大气、土壤污染等重要环境事项实施审计，监控领导干部在行使资源环境权力过程中，属地自然资源资产是否得到有序开发、节约集约利用、有效保护，针对重大生态破坏及污染问题是否得到有效处理。可见，这项审计会推动领导干部守法、守纪守规，尽责地履行受托资源环境责任，实施一系列资源环境治理举措，进而使得该地区不同类别的自然资源资产得到合理利用，并且该地区生态环境得以改善。

然而，由于主客观条件的制约、自然资源资产禀赋特点和生态环境质量本身的复杂性[①]和多样性，以及地方政府领导干部在行为过程中常常碰到的一些事先预想不到的情况，使得行为效果与行为主体的初衷和努力存在差异。换句话说，虽然自然资源资产离任审计试点的实施，影响地方政府领导干部资源环境意识及其行为，但地区自然资源资产状况以及生态环境治理效果仍具有不确定性。

因此，提出以下假设：

---

① 环境质量是区域污染物排放量、生态系统自净能力和污染控制能力的函数。良好的生态系统净化能力和有效的污染物控制能力可以促进环境质量不断改善。

H6-1：自然资源资产离任审计试点的实施，提高了领导干部资源环境责任意识，并促使地方政府增强资源环境管理行为，这些因素使得自然资源资产离任审计试点开展地区自然资源资产开发利用更为合理。

H6-2：自然资源资产离任审计试点的实施，提高了领导干部资源环境责任意识，并促使地方政府增强资源环境管理行为，这些因素使得自然资源资产离任审计试点开展地区生态环境质量改善更为明显。

第二节　研究设计

一、样本选择和数据来源

样本选择和数据来源见第四章。为了进一步分析领导干部自然资源资产离任审计的实施对地区资源环境质量的影响，选择2012~2015年作为样本周期，考虑到西藏自治区的数据缺失严重，故不将其纳入样本，最终选取中国内地25个省市区作为研究对象，共得到100个样本观察值。

本章核心指标各地区自然资源资产状况和生态环境质量的数据主要来自各地区《环境统计年鉴》、《环境年鉴》等数据库，此外，一些缺失信息根据各地政府官方网站相关部门的资源公报信息手动整理。文中其他相关数据则来自CSMAR及WIND数据库。为规避离群值所带来的影响，对连续变量在1%水平上予以缩尾处理。

此外，本章的数据处理、描述性统计以及实证检验均使用统计软件STATA11.0进行处理。

二、地区自然资源资产状况、生态环境效果及相关变量的度量

(一) 地区不同类别自然资源资产状况

一般来说，地区环境质量主要由环境要素①决定，包括水、大气、生物、土壤、岩石、阳光等构成。自然资源资产开发利用情况会直接影响地区环境质量。借鉴国家"十三五"规划中对生态环境保护设立的主要指标及重点审计内容，本书着重考察各地区以下自然资源资产状况：土地、水、森林和矿山资源等。

土地资源状况（LAND）。根据土地资源利用类型，土地资源一般分为耕地、林地、牧地、城镇居民用地及其他用地。本书从各地政府自然资源厅网站获取区域内耕地、林地、湿地以及新增建设用地实物量的变化情况，鉴于有些指标如湿地保有量的数据，来源于五年一期的统计调查，前后几年的数据没有变化，没有参考价值。因此，本书着重考察各地区耕地以及建设用地变动情况，并采用其"变化率"来加以衡量。

水资源状况（WATER）。本书主要关注地区地表水、地下水水资源量以及地区水资源利用的供水及用水情况。该项信息数据主要根据《各地区水资源公报》手动整理。

林木资源状况（WOODS）。本书主要考察区域内林地面积、建成区绿地覆盖率、森林覆盖率和森林蓄积量变化情况，相关信息主要源于各地政府网站。

矿山资源状况（MINE）。本书从《中国国土资源统计年鉴》中获取到矿山恢复治理面积来衡量该项指标。

---

① 环境要素是指构成环境整体的各个独立的、性质各异而又服从总体演化规律的基本物质成分，也被称为环境基质。

(二) 地区生态环境质量

地区生态环境质量，是依据既定环境质量标准，评价地区环境状况所得出的结果，也是反映人类在特定空间内，环境整体及各要素对其生存繁衍、社会经济发展的适宜程度。环境质量一般用污染存量的变化率加以衡量（万建香，2015），污染存量堆积越快，环境质量越差。地区污染一般包括工业污染、农业污染以及生活污染。本书着重选择工业污染排放情况作为代理变量，因为通过该指标能较好地反映出地方政府在工业发展以及环境质量中的权衡取舍。

水环境质量（WATERQUALITY）。水环境质量包括地表水水质达到或优于Ⅲ级的比例（SURFACEWATER）及城市饮用水达标比率（DRINKWATER）变量；水环境工业污染具体指标包括万元工业产值废水排放量（DISCHARGE）、工业废水中化学需氧量（COD）排放量、工业废水中氨氮排放量（AND）。考虑到地区经济规模可能影响地区环境污染排放绝对量，也是为了结果更稳健，我们进一步采用工业废水处理率（TREAT_rate）作为代理指标。处理率越大表示地方政府对环境治理与规制的力度越大，反之表示地方政府对环境污染较为忽视。

大气环境质量（AIRQUALITY）。地区空气质量优劣程度往往反映出该地区综合竞争力，因为空气质量不仅影响到居民的身体健康，还直接代表地区的投资环境。因此，一直以来，大气质量都是社会公众关注的重要环境问题，我们采用万元工业产值二氧化硫排放量（SO_2_ind）、万元工业产值烟（粉）尘排放量（DUST_ind）、各地区地级及以上城市空气质量优良天数比率（RATE_standard）以及细颗粒物（PM2.5）或可吸入颗粒物[①]（PM10）浓度下降率（RATE）来衡量。如上所述，进一步地，我们利用工

[①] 从 2012 年开始，已有部分城市陆续执行《环境空气质量标准》（GB 3095-2012）新标准，新标准不仅对 PM10、SO_2、NO_2 的年均浓度限值做了更为严格的规定，而且还增加了 PM2.5 的浓度要求。因此，各地区 2012~2014 年采用的空气质量标准尚不统一。

业二氧化硫的去除比率（SO₂_remove）（二氧化硫产生量—排放量/产生量）、工业烟（粉）尘去除率（DUST_remove）作为替代指标。

各个变量的详细解释如表6-1所示。

表6-1 地区资源环境质量指标说明

变量类别	变量名称	变量说明
自然资源资产状况（Nature_A）	土地资源状况（LAND）	耕地面积变化率（RATE_land）
		人均建设用地面积（AREA_C_P）
		城市建设用地面积（AREA_cons）
	水资源状况（WATER）	水资源总量变化率（RATE_total）
		地表水资源量变化率（RATE_sur）
		地下水资源量变化率（RATE_ground）
		万元工业产值用水量（CONS_water）
	林木资源状况（WOODS）	城市建成区绿地覆盖率（RATE_lvdi）
	矿产资源状况（MINE）	矿山恢复治理面积（MINE_rehab）
地区生态环境质量（Environment）	水环境质量（WATERQUALITY）	万元工业废水排放量（DISCHARGE）
		万元工业废水化学需氧量排放量（COD）
		万元工业废水氨氮排放量（AND）
		工业废水处理率（TREAT_rate）
		地表水质量达到或好于Ⅲ类水体的比例（SURFACEWATER）
		城市集中式生活饮用水水源地水质达标率（DRINKWATER）
	大气环境质量（AIRQUALITY）	万元工业产值二氧化硫排放量（SO₂_ind）
		万元工业产值烟（粉）尘排放量（DUST_ind）
		工业二氧化硫的去除比率（SO₂_remove）
		工业烟（粉）尘去除率（DUST_remove）
		各地区地级及以上城市空气质量优良天数比率（RATE_standard）
		细颗粒物或可吸入颗粒物浓度下降率（RATE）

(三) 主要解释变量

领导干部自然资源资产离任审计实施情况 (TREAT)。有关领导干部自然资源资产离任审计试点地区的信息，与第四章一致（见表4-1）。若所在地实施了领导干部自然资源资产离任审计试点 Treat 取 1，否则取 0。由于领导干部自然资源资产离任审计于 2013 年底提出，2014 年各地陆续开始试点，因此我们以 2014 年度为分界点，若样本期间为试点之后，则取 1；若样本期间为试点之前，即 2012~2013 年，则取 0。

地方政府资源环境投入 (INPUT)。学者们通过实证研究发现，地区污染排放量的减少往往与地方政府在环境保护方面的支出密切相关，因此地区资源配置与资金投向也影响地区的资源环境质量。我们利用工业污染源治理投资额及地区环境污染治理投资所占比重来衡量。

地方政府资源环境监管 (MONITOR)。在环境领域投入的人力越多，更便于对地区资源环境的监测，同时加大对违法行为的监察，越有利于环境质量的改善。我们采用环境监测部门机构数以及环境监测人员数加以衡量。

(四) 其他主要控制变量

任何地区的经济发展水平、产业结构、资源配置与资金投向以及城镇化水平等因素对政府行为产生影响，从而影响环境污染治理效果。因此，影响环境质量的其他经济社会因素包括：

地区经济发展水平 (GDP)。地区领导干部对于环境污染治理的积极性、支出数量力度不仅仅与其对资源环境领域的重视程度及偏好有关，还与该地区的经济发展水平紧密相关。地区经济发展水平越高，领导干部才更有能力和精力加大对资源环境领域投资，从而改善地区资源环境质量。我们以地区人均 GDP 的自然对数衡量。

地区产业结构 (Str)。产业结构不同，排放的污染物就不同，对环境质量影响程度亦不同。若以粗放型生产方式为主的地区，那么该地区环境污染治理任务更重，环境质量会相对低。我们采用工业产值增加额占 GDP 的比重对产业结构进行测度。

城镇化水平（Urb）。一个地区的城镇化水平与当地的污染排放量、污染治理水平息息相关。随着城市化进程的加快，必然导致资源消耗和污染排放的增加。那么城镇化水平越高的地区，领导干部在资源环境领域的监管力度越高。我们以城市人口占地区总人口的比重来测度该指标。

地区法制化水平（LAW）。法制化程度，根据樊纲、王小鲁等编制的市场化程度指数计算。

同时，文章还控制了年度固定效应以及地区固定效应，如表 6-2 所示。

表 6-2 变量说明

变量性质	变量代码	变量名称	变量含义
被解释变量	Nature_A	自然资源状况	土地资源（LAND）、水资源（WATER）、林木资源（WOODS）、矿产资源状况（MINE）
	Environment	生态环境质量	水环境质量（WATERQUALITY）；大气环境质量（AIRQUALITY）
解释变量	TREAT	试点地区	如果是试点地区，则设为1；否则为0
	POST	试点开始时间	若样本期间为试点之后，则取1；否则，取0
	INPUT	地方政府资源环境投入行为	工业污染源治理投资额（INPUT_i）、地区环境污染治理投资所占比重（INPUT_p）
	MONITOR	地方政府资源环境监管行为	以环境监测部门机构数以及环境监测人员数加以衡量
控制变量	GDP	地区经济发展水平	以人均地区生产总值的自然对数衡量
	Str	地区产业结构	以工业产值增加值占 GDP 的比重衡量
	Urb	地区城镇化水平	以城市人口占总人口的比重衡量
	LAW	地区法制化环境	以王小鲁、樊纲等人的市场化指数衡量

三、模型设定

为了验证自然资源资产离任审计实施能否对地区自然资源资产状况及

地区生态环境质量产生影响。本章采用双差分方法，构建模型（6-1）、（6-2）：

$$\text{Nature\_A} = \alpha_0 + \alpha_1 \text{TREAT} + \alpha_2 \text{POST} + \alpha_3 \text{Treat} \times \text{Post} + \alpha_4 \text{Action} + \alpha_i \sum_{i=4}^{n} \text{Control} + \varepsilon \tag{6-1}$$

$$\text{Environment} = \alpha_0 + \alpha_1 \text{TREAT} + \alpha_2 \text{POST} + \alpha_3 \text{Treat} \times \text{Post} + \alpha_4 \text{Action} + \alpha_i \sum_{i=4}^{n} \text{Control} + \varepsilon \tag{6-2}$$

其中，主要解释变量为 Treat×Post 变量和领导干部资源环境管理行为（Action），包括资源环境投入行为变量（INPUT）和资源环境监管行为变量（MONITOR）。模型（6-1）的被解释变量为自然资源资产状况，包括土地资源（LAND）、水资源（WATER）、林木资源（WOODS）及矿产资源（MINE）状况。模型（6-2）的被解释变量为资源环境质量（Environment），包括大气环境质量变量（AIRQUALITY）和水资源环境质量（WATREQUALITY）。

第三节　实证检验结果及分析

一、描述性统计

表 6-3 的（1）（2）列分别是试点地区样本、非试点地区样本各变量的均值和标准差。（3）列报告了试点地区样本与非试点地区样本变量均值的比较结果（T 检验）。表 6-3 的（1）~（3）行结果表明，试点地区与非试点

表 6-3　不同地区样本的描述性统计及 T 检验结果

变量名称	变量		（1）试点地区		（2）非试点地区		T检验
			均值	标准差	均值	标准差	（1）v.s（2）
土地资源（LAND）	RATE_land	（1）	−0.0006	0.0026	−0.0014	0.0087	0.00071
	AREA_C_P	（2）	0.5994	0.1407	0.7861	0.3229	−0.1868***
	AREA_cons	（3）	7.3645	0.5908	6.7811	0.5908	0.5834***
水资源（WATER）	RATE_total	（4）	0.0392	0.3620	0.0503	0.3069	−0.0112
	RATE_sur	（5）	0.0479	0.4358	0.0638	0.3881	−0.0158
	RATE_ground	（6）	0.0227	0.1443	0.0192	0.1779	−0.0036
	CONS_water	（7）	0.0157	0.2266	−0.0010	0.0349	−0.0167
林木资源（WOODS）	RATE_lvdi	（8）	39.285	2.7045	38.028	5.2059	1.2567*
矿产资源（MINE）	MINE_rehab	（9）	1826.39	3061.05	1062.49	1373.72	763.91**
水环境质量（WATERQUALITY）	SURFACEWATER	（10）	72.9025	19.595	64.1307	24.7367	8.7717**
	DRINKWATER	（11）	97.452	4.9915	96.3453	5.2963	1.1067
	DISCHARAGE	（12）	11.2296	0.6602	10.1012	1.3326	1.1284***
	COD	（13）	95.3527	41.819	54.2150	44.667	41.1378***
	AND	（14）	10.3495	4.4245	5.22967	3.7394	5.11983***
	TREAT_rate	（15）	2.4682	0.7523	2.0259	0.8479	0.44236***
大气环境质量（AIRQUALITY）	RATE	（16）	1.0167	17.54	0.3542	13.864	0.6626
	RATE_standard	（17）	80.378	17.126	76.0339	15.582	4.3444
	SO_2_remove	（18）	0.7090	0.0559	0.6317	0.1848	0.0773***
	DUST_remove	（19）	0.9828	0.0187	0.9821	0.0088	0.00066
	SO_2_ind	（20）	−14.169	0.6277	−14.042	1.0024	−0.12269
	DUST_ind	（21）	−14.691	0.5298	−14.379	1.121	−0.3117*
其他变量	GDP	（22）	10.065	0.5821	9.1906	0.9996	0.8749***
	Str	（23）	48.624	4.1293	44.383	9.089	4.2405***
	Urb	（24）	52.532	7.8074	56.1732	17.661	−3.6409
	LAW	（25）	5.6613	3.3814	5.1556	4.014	0.5056
	MONITOR	（26）	116.575	31.525	70.467	49.402	46.108***
	INPUT	（27）	1.4018	0.6098	1.7696	0.8717	0.3679**

注：***、** 和 * 分别表示 1%、5% 和 10% 水平上显著。

地区中建设用地规模（AREA_C_P）在1%的显著性水平下存在差异，而耕地面积变化率（RATE_land）并不存在显著差异。(4)~(7)行结果表明，试点地区与非试点地区样本中代表水资源状况（WATER）的变量均不存在显著差异。从(8)行看到，不同地区间城市绿地覆盖率（RATE_lvdi）在10%的显著性水平下存在差异。(9)行结果表明，试点地区矿山恢复治理面积（MINE）显著高于非试点地区。

表6-4 试点地区试点前后样本描述性统计及T检验结果

变量		（3）试点后		（4）试点前		T检验
		平均值	标准差	平均值	标准差	（3）v.s（4）
RATE_land	(1)	−0.0007	0.0015	−0.0006	0.0034	−0.00002
AREA_C_P	(2)	0.6101	0.1429	0.5886	0.1413	0.0214
AREA_cons	(3)	7.4134	0.5918	7.3156	0.6010	0.0979
RATE_total	(4)	0.0050	0.2798	0.0733	0.4395	−0.0683
RATE_sur	(5)	0.0008	0.3296	0.0951	0.5326	−0.0942
RATE_ground	(6)	0.0287	0.1003	0.0168	0.1839	0.01195
CONS_water	(7)	0.0810	0.2805	−0.0496	0.1390	0.1307*
RATE_lvdi	(8)	39.6550	2.5463	38.9150	2.8710	0.7399
MINE_rehab	(9)	2412.22	4131.81	1240.58	1199.50	1171.64
SURFACEWATER	(10)	72.8050	19.7744	73.0000	19.9272	−0.1950
DRINKWATER	(11)	97.8100	4.3367	97.0940	5.6627	0.7160
DISCHARGE	(12)	11.2079	0.6229	11.2514	0.7111	−0.0437
COD	(13)	92.8395	40.9415	97.8660	43.5928	−5.0265
AND	(14)	10.0425	4.3323	10.6565	4.6059	−0.6139
TREAT_rate	(15)	2.3434	0.5946	2.5931	0.8806	−0.2496
RATE	(16)	−1.7753	21.5279	3.9639	11.9547	−5.7392
RATE_standard	(17)	78.2126	15.6386	82.7988	18.8328	−4.5862
SO_2_remove	(18)	0.7239	0.0595	0.6942	0.0493	0.0296**
DUST_remove	(19)	0.9777	0.0256	0.9878	0.0029	−0.0101**
SO_2_ind	(20)	−14.2845	0.6005	−14.0537	0.6481	−0.2308

续表

变量		(3) 试点后		(4) 试点前		T 检验
		平均值	标准差	平均值	标准差	(3) v.s (4)
DUST_ind	(21)	−14.5938	0.4527	−14.7883	0.5929	0.1945
GDP	(22)	10.1516	0.5740	9.9794	0.5920	0.1722
Str	(23)	47.3465	3.5487	49.9010	4.3557	−2.5545**
Urb	(24)	53.8110	7.5816	51.2535	8.0122	2.5575
LAW	(25)	5.8510	3.1888	5.4715	3.6366	0.3795
MONITOR	(26)	117.7	32.5352	115.45	31.2856	2.250
INPUT	(27)	1.4175	0.6596	1.3860	0.5726	0.0315

注：***、** 和 * 分别表示 1%、5%和 10%水平上显著。

表 6-3 的（10）~（15）行是表示水资源环境质量（WATERQUALITY）的指标，从结果中可以看到，除了饮用水水质达标率（DRINKWATER）以外，试点地区其他指标均与非试点地区样本存在显著差异。在大气环境质量（AIRQUALITY）的指标中，(16)~(21) 行结果表明，试点地区二氧化硫去除率（SO_2_remove）在 1%的水平下显著高于非试点地区。上述结果初步支持了本章假设。

表 6-4 是试点地区在试点前后各变量的均值、标准差及其变量均值的比较结果（T 检验）。如表所示，试点样本在试点前后自然资源资产变量、水环境质量均不存在显著差异。(18) 行可以看到，试点样本试点前后二氧化硫去除率（SO_2_remove）在 5%的显著性水平下为正（0.0296），这意味着试点地区在开展自然资源资产离任审计试点后，二氧化硫去除率显著提高；此外，(19) 行烟（粉）尘去除率（DUST_remove）变量在试点后显著降低。上述结果可能是因为样本区间太短导致。

二、相关性分析

表 6-5 相关系数表

变量	land	water	wood	mineral	Qua_w	Qua_air	treat	gdp	str	monitor	input
land	1.000										
water	−0.06	1.000									
wood	−0.005	−0.099	1.000								
mineral	−0.118*	−0.114*	0.118*	1.000							
Qua_w	−0.389*	−0.038	−0.185*	0.229*	1.000						
Qua_air	−0.184*	−0.145*	0.049	0.253*	0.048	1.000					
treat	−0.319*	−0.106*	0.159*	0.183*	0.330*	0.192*	1.000				
gdp	−0.013	−0.176*	0.461*	0.199*	−0.023	0.099*	0.477*	1.000			
str	−0.370*	−0.074	0.147*	0.325*	0.123*	−0.029	0.218*	0.159*	1.000		
monitor	−0.413*	−0.036	0.161*	0.498*	0.356*	0.169*	0.381*	0.463*	0.175*	1.000	
input	0.219*	0.025	−0.030	0.254*	−0.086*	0.172*	−0.197*	−0.44*	0.0232	−0.163*	1.000

注：***、**和*分别代表1%、5%和10%的显著性水平。

表 6-5 是被解释变量自然资源资产状况（Nature_A）、水环境质量（WATERQUALITY）、空气质量（AIRQUALITY）与解释变量（TREAT）以及主要控制变量之间的相关关系。相关系数表结果显示，实施了领导干部自然资源资产离任审计的地区建设用地（RATE_lvdi）、用水量（CONS_water）在 10% 的显著性水平下为负；林木资源（RATE_lvdi）、矿山治理恢复面积（MINE_rehab）在 10% 的水平下显著为正；水资源质量（WATERQUALITY）、空气质量（AIRQUALITY）均显著为正，说明实施自然资源资产离任审计试点的地区，经由领导干部资源环境管理行为，建设用地及地区用水量下降，林木资源和矿山治理恢复面积显著增加，地区水资源质量以及空气质量都得到提升，这一结果初步验证了本章研究假设。

三、回归结果分析

表6-6 自然资源资产离任审计影响地区自然资源资产状况的回归结果

变量	LAND		WATER				WOODS	MINE
	RATE_land (1)	AREA_cons (2)	RATE_total (3)	RATE_sur (4)	RATE_gro (5)	CONS_w (6)	RATE_lvdi (7)	MINE_w (8)
Treat × Post	−0.0028 (−1.05)	106.4*** (3.09)	0.0204 (0.10)	0.0246 (0.09)	0.0192 (0.19)	0.147 (1.41)	−0.205 (−0.20)	1247.9* (1.94)
TREAT	0.0017 (0.79)	53.5044 (0.16)	−0.126 (−0.60)	−0.101 (−0.39)	−0.1178 (−1.24)	−0.046 (−0.4)	−0.512 (−0.26)	413.71 (0.55)
POST	0.0059** (2.59)	−180.7*** (−2.89)	−0.092 (−0.49)	−0.117 (−0.47)	−0.1159 (−1.23)	−0.064 (−0.68)	0.489 (0.49)	−466.31 (−0.82)
INPUT	0.0023** (2.48)	−21.365 (−0.97)	−0.131 (−0.16)	−0.0191 (−0.18)	−0.0136 (−0.37)	−0.0733 (−1.40)	−1.38** (−2.32)	858.7** (2.57)
MONITOR	0.00001 (0.41)	1.857 (0.66)	−0.00004 (−0.02)	0.000004 (0.00)	−0.0017 (−1.18)	0.0001 (0.12)	0.027 (0.77)	6.351 (−1.16)
GDP	−0.0007 (−0.37)	688.1*** (3.64)	0.0173 (0.09)	−0.0127 (−0.05)	0.309* (1.75)	−0.0808 (−0.83)	0.119 (0.06)	368.04 (0.46)
Str	0.0001 (1.12)	−17.44*** (−3.04)	0.0084 (0.79)	0.0078 (0.58)	−0.0014 (−0.24)	0.0012 (0.24)	0.097 (1.00)	6.268 (0.16)
Urb	−0.0002 (−1.35)	11.467 (1.19)	0.0082 (0.80)	0.0129 (1.02)	−0.0017 (−0.34)	0.0045 (0.85)	0.127 (1.08)	99.05** (2.15)
LAW	0.00045 (1.14)	−3.061 (−0.23)	−0.0097 (−0.32)	−0.0164 (−0.45)	−0.0302 (−1.43)	−0.0043 (−0.29)	0.152 (0.49)	−454.9*** (−3.21)
CONS	−0.0014 (−0.11)	−4991*** (−3.70)	−0.6709 (−0.42)	−0.5417 (−0.27)	−2.265* (−1.88)	0.6386 (0.82)	25.01* (1.95)	−7407.1 (−1.49)
Year/Province	Yes	Yes	Yes	Yes	Yes	Yes	Yes	Yes
N	100	100	48	46	42	45	100	98
R^2_a	0.1841	0.6345	0.1409	0.1447	0.3103	0.1789	0.2162	0.4250

注：***、** 和 * 分别代表1%、5%和10%的显著性水平；WATER变量由于存在缺失值，故观测值减少。

表 6-6 是自然资源资产离任审计试点开展对地区自然资源资产状况影响的回归结果。表（1）（2）列报告了自然资源资产离任审计试点实施对土地资源（LAND）资产状况影响的回归结果，被解释变量分别为耕地变化率（RATE_land）、城市建设用地面积（AREA_cons），结果表明，试点地区城市建设用地面积显著增加。列（3）~（6）报告了该项审计对水资源（WATER）资产状况影响的回归结果，采用的指标分别为水资源总量（RATE_total）、地表水（RATE_sur）、地下水（RATE_ground）以及用水量（CONS_water）。如表所示，Treat × Post 的系数均不显著，表明自然资源资产离任审计试点开展对不同地区水资源资产状况影响并无显著差异，这可能是样本期间短及资源环境本身的滞后性所致。

表 6-6 列（7）报告了自然资源资产离任审计对林木资源（WOODS）资产状况影响的回归结果，Treat × Post 系数并不显著，这与林木资源本身的特征有关，其效果不能在短期内体现。列（8）报告了自然资源资产离任审计试点开展对矿产资源（MINE）资产状况的影响，如表所示，Treat × Post 系数在 10% 的显著性水平下为正，意味着自然资源资产离任审计试点开展，促使地方政府采取资源管理行动，矿山治理恢复面积显著增加。此外，我们也发现，领导干部资源环境投入（INPUT）越多，属地耕地变化率显著增加，矿山治理恢复面积显著增加，这在一定程度上表明自然资源资产离任审计试点开展，利于促进自然资源资产状况的改善。

表 6-7 自然资源资产离任审计影响地区水资源环境质量的回归结果

变量	WATERQUALITY					
	SUR_WATER (1)	DRINKWATER (2)	DISCHARGE (3)	COD (4)	AND (5)	TERAT_rate (6)
Treat × Post	3.449 (1.32)	1.899 (1.10)	−0.087** (−2.18)	−3.334*** (−4.17)	−0.393*** (−4.29)	−0.244 (−1.36)
TREAT	9.619 (0.88)	−0.854 (−0.49)	0.0622 (0.24)	8.4276 (0.60)	1.534 (1.39)	0.4524 (1.23)

续表

变量	WATERQUALITY					
	SUR_WATER (1)	DRINKWATER (2)	DISCHARGE (3)	COD (4)	AND (5)	TERAT_rate (6)
POST	−2.833 (−0.82)	−0.979 (−0.64)	−0.1888*** (−3.16)	−8.841*** (−4.32)	−0.984*** (−5.19)	−0.0168 (−0.09)
MONITOR	0.1032 (0.68)	−0.067** (−2.22)	0.0045 (1.60)	0.251*** (3.15)	0.0256*** (3.17)	0.0031 (0.49)
INPUT	−1.762 (−0.90)	−2.051** (−2.49)	0.0098 (0.38)	0.732 (1.44)	0.0453 (0.78)	−0.0794 (−0.74)
GDP	−10.031 (−1.06)	2.928 (1.54)	0.989*** (5.52)	24.203*** (3.97)	2.718*** (4.76)	−0.0587 (−0.15)
Str	−0.071 (−0.18)	0.0136 (0.14)	0.0102* (1.65)	0.1114 (0.74)	0.0097 (0.61)	0.0016 (0.09)
Urb	0.0233 (0.04)	−0.168 (−1.55)	−0.0003 (−0.03)	−0.361 (−1.35)	−0.0529* (−1.92)	−0.0023 (−0.11)
LAW	−0.744 (−0.79)	0.240 (0.70)	−0.0076 (−0.49)	0.2171 (0.68)	0.00849 (0.23)	−0.0509 (−0.92)
CONS	160.91** (2.44)	85.727*** (6.23)	0.392 (0.33)	−168.14*** (−3.52)	−18.609*** (−4.39)	2.796 (1.19)
Year/Province	Yes	Yes	Yes	Yes	Yes	Yes
N	95	95	100	100	100	100
R^2_a	0.2549	0.3357	0.8261	0.6695	0.7763	0.2686

注：***、** 和 * 分别代表1%、5%和10%的显著性水平。

表6-7是自然资源资产离任审计对地区水资源环境质量（WATERQUALITY）影响的回归结果。(1)~(6)列被解释变量分别为地表水质量变量（SURFACEWATER）、饮用水水质达标率（DRINKWATER）、废水排放量（DISCHARGE）、废水中COD排放量（COD）、废水中氨氮排放量（AND）以及工业废水处理率（TREAT_rate）。如表所示，列(3)(4)(5) Treat×Post的系数均在1%的显著性水平下为负（−0.087、−3.334、−0.393），表明自然资源资产离任审计试点开展，地区废水排放量、废水中COD排放量以及氨氮排放量显著降低，这意味着地区水资源环境得到显著改善，证

实了本章研究假设 H6-2。同时，由表可见，地方政府领导干部资源环境投入行为（INPUT）与监管力度（MONITOR）对地区水资源环境变量具有显著影响。

表 6-8 自然资源资产离任审计对地区大气环境质量影响的回归结果

变量	AIRQUALITY					
	RATE (1)	RATE_standard (2)	SO_2_remove (3)	DUST_remove (4)	SO_2_ind (5)	DUST_ind (6)
Treat × Post	4.950 (0.82)	2.6339 (0.64)	−0.0469* (−1.90)	−0.0049 (−0.97)	−0.0823* (−1.86)	−0.1735 (−1.40)
TREAT	−1.232 (−0.25)	5.032 (0.80)	0.0342 (0.52)	0.0053 (1.08)	0.2702 (0.79)	−0.1143 (−0.44)
POST	−6.885 (−1.34)	−15.206*** (−3.67)	0.109*** (4.07)	−0.0088** (−2.02)	−0.209*** (−2.91)	0.527*** (4.20)
MONITOR	0.0162 (0.22)	0.0937 (0.83)	0.00001 (0.01)	−0.000042 (−0.50)	0.0147*** (4.43)	0.011** (2.38)
INPUT	2.547 (1.12)	−2.925 (−1.17)	−0.0111 (−0.73)	−0.0015 (−0.72)	−0.021 (−0.76)	0.0004 (0.01)
GDP	−0.585 (−0.11)	−6.0719 (−0.87)	0.0635 (0.98)	0.0018 (0.36)	−0.961*** (−4.42)	−0.696** (−2.56)
Str	0.291 (1.23)	−0.1523 (−0.43)	0.00449 (1.58)	−0.00045* (−1.80)	−0.0089 (−1.27)	0.0284** (2.29)
Urb	0.1855 (0.69)	0.2305 (0.56)	0.0026 (0.71)	0.00001 (0.05)	0.0385*** (3.34)	0.0192 (1.26)
LAQ	−0.129 (−0.15)	−1.483 (−1.18)	−0.006 (−0.74)	−0.00086 (−0.93)	−0.049*** (−2.84)	−0.095** (−2.43)
CONS	−25.716 (−0.70)	144.218*** (2.91)	−0.2987 (−0.76)	0.998*** (31.67)	−7.637*** (−5.15)	−10.88*** (−6.56)
Year/Province	Yes	Yes	Yes	Yes	Yes	Yes
N	85	88	100	100	100	100
R^2_a	0.3272	0.4011	0.3235	0.1474	0.2691	0.6719

注：***、** 和 * 分别代表 1%、5% 和 10% 的显著性水平。

表 6-8 是自然资源资产离任审计对地区大气环境质量（AIRQUALITY）影响的回归结果。列（1）~（6）分别代表 PM2.5 或 PM10 浓度变化率（RATE）、各地区地级及以上城市优良天气所占比重（RATE_standard）、二氧化硫去除率（SO_2_remove）、烟（粉）尘去除率（DUST_remove）、万元工业二氧化硫排放量（SO_2_ind）及万元工业烟尘排放量（DUST_ind）。如表 6-8 所示，列（3）（5）Treat×Post 系数在 10% 的显著性水平下为负（-0.0469、-0.0823），表明自然资源资产离任审计试点开展，地区二氧化硫去除率及万元工业二氧化硫排放量显著降低。污染物的减少，意味着地区大气资源环境得到显著改善，证实了研究假设 H6-2。同时，由列（5）（6）可以看出，地方政府资源环境监管（MONITOR）力度越大，监测到的二氧化硫排放量、烟尘排放量显著增加，这意味着地方政府领导干部资源环境监管力度越大，对属地空气质量影响越明显。

四、进一步检验

如前文结果所示，自然资源资产离任审计试点开展，对试点地区的土地资源资产、矿山资源资产状况及大气环境质量及水环境质量改善显著，而水环境资产状况并无明显差异，这可能与自然资源资产自身的滞后性属性有关。那么，对于地理位置不同的地区来说，该项审计试点对自然资源资产状况及生态环境质量改善是否存在异质性呢？本书根据统计年鉴的划分标准，将地区分为东、中、西、东北四部分，重新对模型（6-1）、（6-2）回归，结果如表 6-9 所示。此外，自然资源资产离任审计试点开展，对领导干部资源环境责任意识影响并付诸行动，那会不会影响地区的绿色发展水平？

第六章 自然资源资产离任审计影响属地资源环境质量的实证检验

表6-9 进一步检验回归结果

变量		（1）东部地区		（2）中部地区		（3）西部地区	
		系数	t值	系数	t值	系数	t值
LAND	（1）	−0.0064	−0.75	0.0030	0.63	−0.0017	−1.46
WATER	（2）	−0.857**	−3.06	—	—	0.2101	1.13
WOODS	（3）	1.349*	1.93	−0.0594	−0.07	0.1947	0.07
MINE	（4）	−149.51	−0.35	646.89	0.67	1885.82	1.39
WATERQUALITY	（5）	13.865*	2.05	1.036	0.34	5.763	0.94
AIRQUALITY	（6）	0.2009*	1.76	0.019	0.36	0.0868	0.26
Ggdp	（7）	−0.030**	−2.60	−0.0282	−0.43	−0.0967	−1.26

注：***、**和*分别代表1%、5%和10%的显著性水平；中部地区水资源数据缺失，故没有相应结果。

一直以来，传统GDP因为忽略自然资源以及生态环境对经济活动所产生的影响，不能真正体现自然资源资产的全部价值，高估国民核算而被世人诟病，也激发学者探寻更合理的GDP指标，如绿色GDP。但绿色GDP涉及的两个比较重要的概念——"虚拟治理成本"和"环境污染损失"难以合理地确定，故绿色GDP的数据很难收集。21世纪初，牛文元教授就提出应将绿色GDP作为领导干部考核的重要指标，并认为绿色GDP可以由单位GDP的排污量（污染物总量、地区GDP）、单位GDP的能耗量（能源消耗总量、地区GDP）、单位GDP的水耗量（水资源消耗量、地区GDP）、单位GDP投入教育的比例（教育投入、地区GDP）、人均创造GDP（创造值、地区GDP）5项指标构成。借鉴前人文献，我们拟采用单位国内生产总值能耗作为反映绿色发展水平（Ggdp）的一个替代指标。

不同地区资源环境基础不同，自然资源资产离任审计的实施对不同地区的影响也不尽相同。如表6-9所示，从行（2）可以看到，东部地区水资源状况变量（水资源变化率）Treat × Post系数在5%的显著性水平下为负（−0.857），这意味着与其他地区相比，自然资源资产离任审计试点开展对水资源变化率影响显著低于其他地区；而中部地区由于缺失值，故不显示结果。表的（3）行表明，较其他地区，自然资源资产离任审计试点开展对东部地区林木资源（WOODS）资产状况变量影响更为显著；此外，从表的（5）（6）行可以看出，较其他地区，自然资源资产离任审计试点东部地区水资源环境质量（WATERQUALITY）及大气环境质量变量（AIRQUALITY），Treat×Post系数在10%的水平下显著为正（13.865、0.2009），这表明自然资源资产离任审计试点的实施，显著改善了东部地区试点地区水污染治理及大气污染治理。最后，由表的（7）行可见，较其他地区，自然资源资产离任审计试点开展的东部地区单位地区生产总值能耗（Ggdp）Treat×Post系数在5%的显著性水平上为负（−0.030），这说明自然资源资产离任审计试点的实施，对东部地区单位能源消耗降低更为显著，意味着自然资源资产离任审计试点的开展，促进了地区绿色经济发展。

五、稳健性测试

为验证上述分析结果的稳健性，我们参考以往研究，去除政策冲击当年2014年样本加以验证，研究基本结论维持不变，稳健性检验的回归结果，见表6-10。

表6-10是稳健性检验结果，可以看到，列（2）Treat×Post系数在1%的水平下显著为正（125.82），相较于表6-6列（2）样本，Treat×Post系数在更高显著性水平上且系数更大，说明自然资源资产离任审计试点开展滞后一期时，地区土地资源资产状况改善更为显著。列（7）（8）Treat×Post系数均在10%的水平下显著为负（−0.126、−0.0066），相较于表6-7、表6-8的列（3）样本，Treat×Post系数（−0.087、−0.0469）更小，这意味着自然资源资产离任审计试点开展滞后一期时，地区污水排放量及二氧化硫去除率降低更为明显。

表 6–10　稳健性检验回归结果

变量	Land		Water		Wood	Mineral	Waterquality	Airquality
	(1)	(2)	(3)	(4)	(5)	(6)	(7)	(8)
Treat × Post	−0.0037 (−0.98)	125.82*** (2.38)	−0.0435 (−0.16)	0.075 (1.17)	0.2588 (0.21)	1220.98 (1.45)	−0.126** (−2.29)	−0.0066* (−1.94)
TREAT	0.0016 (0.62)	−67.28 (−0.24)	−0.017 (−0.07)	−0.035 (−0.46)	−0.9313 (−0.46)	215.75 (0.31)	0.050 (0.19)	0.0359 (0.55)
POST	0.0064** (2.30)	−214.56*** (−2.63)	−0.080 (−0.37)	−0.047 (−0.86)	0.1503 (0.14)	−394.05 (−0.62)	−0.1655** (−2.44)	0.1194*** (3.88)
CONS	−0.0014 (−0.08)	−6582*** (−4.89)	−1.198 (−0.62)	0.1919 (0.31)	20.997 (1.59)	−8202.03 (−1.73)	0.3481 (0.27)	−0.2663 (−0.64)
CONTROLS	Yes	Yes	Yes	Yes	Yes	Yes	Yes	Yes
Year/Province	Yes	Yes	Yes	Yes	Yes	Yes	Yes	Yes
N	100	74	36	34	75	73	75	75
R^2_a	0.2018	0.6795	0.1549	0.2427	0.2823	0.3917	0.8265	0.3181

注：***、** 和 * 分别代表1%、5%和10%的显著性水平。

第四节　主要结论

自然资源资产离任审计试点开展，通过监控领导干部相关权力运行过程，提供领导干部相应履责信息，减少领导干部的道德风险和逆向选择行为，促进领导干部更好地履行自然资源资产管理和生态环境保护责任，实施一系列资源环境治理举措，从而导致地区自然资源资产合理利用并且生态环境质量得到改善。本章以各地区土地资源、水资源、林木资源以及矿产资源资产状况及地区大气、水环境质量为研究对象，检验该项审计实施后，各地区资源环境质量是否得到改善。研究发现，自然资源资产离任审计试点开展，地区土地资源、矿产资源资产状况及地区大气和水环境质量得到显著改善。而且,自然资源资产离任审计试点对地区绿色发展水平也具有显著影响。进一步地,研究发现,地方政府资源环境投入程度与监管力度也显著影响了地区自然资源状况和生态环境质量。考虑到各地区资源环境本身的异质性,本章以东、中、西部地区为分类标准,研究发现,较其他地区,自然资源资产离任审计试点开展对东部地区资源环境质量影响更为明显。为了保证结论稳健性,本章去除政策冲击当年 2014 年样本加以验证,本章研究结论基本保持不变。

第七章
自然资源资产离任审计影响属地企业环保投资行为的实证检验

从前述分析可知，自然资源资产离任审计试点开展增强了地方政府领导干部资源环境责任意识、改善了其行为，并对自然资源利用、污染治理效果产生影响。作为市场经济主体的企业个体在环境污染与环境保护中扮演着重要角色。可以说，企业环保决策与地区环境质量、污染治理效果息息相关。一直以来，地方政府作为属地资源环境质量的主要承担者，其行为对企业环保决策具有重要影响。现有文献更多地关注地区政企合谋给地区资源环境治理所带来的影响，那么，随着自然资源资产离任审计试点的开展，通过对地方政府领导干部责任意识和行为的影响，是否会进而影响到上述政企合谋，并对企业的环保决策产生影响？本章在前几章的基础上，进一步研究领导干部自然资源资产离任审计的实施对地区相关企业的影响效应。首先选择地区高污染企业作为主要研究对象，考察领导干部自然资源资产离任审计试点的实施，对相关企业环保投资决策的影响，以期对现阶段的环境治理工作提供指导。

第一节 理论分析与研究假设

一、对企业环保投资决策的影响

据有关数据统计,我国80%以上的污染问题是在企业的生产经营过程中形成的,可以说,企业不仅是资源能源的主要消耗者,还是环境污染的主要制造者,对环境保护与污染治理负有不可推卸的责任。而环境污染治理问题,离不开相关资金投入,可以说,要想处理好环境问题,首先有赖于恰当的环保投资决策。

一方面,增加环保投资,必然带来企业经营成本的上升。企业往往不会积极主动地花费大量资金购置环保设施,并开展环保技术革新(Dasgupta & Laplante,2001;Orsato,2006;唐国平、李龙会,2013)。此外,唐国平等(2013)也发现,上市公司大股东及管理层之间就环保投资决策的"合谋"倾向,降低了企业主动进行环境治理与环保投资的可能性。

另一方面,政府、媒体、消费者、利益相关者等给企业带来的外在环保压力,以及声誉、市场绿色形象等给企业带来的内在吸引,增强了企业主动进行环境治理的可能性。

由此可见,地方政府的环境管制强度,与企业所有环保投资决策(如清洁技术的选择、是否购置污染治理设备等)紧密相关,(Gray & Shadbegian,1998;Farzin & Kort,2000;唐国平等,2013)。可以说,在政府环境管制政策缺乏的情况下,排污企业主动进行污染治理的可能性很小(原毅军、耿殿贺,2010)。即使有部分企业愿意主动进行污染治理,其目的也是降低现有企业环境遵循成本（Maxwelland Decker，2006）。

政府如何制定环境管制政策，不仅直接约束和控制企业的污染排污和环境治理行为，同时也是企业进行生产经营及环保投资决策的重要外部影响因素。就政府环境管制如何影响企业环保投资决策这一问题，有三种假说盛行。其一，污染天堂假说。该假说认为，严格的政府环境管制，会增加企业生产成本、减缓企业投资，进而丧失竞争力（Leiter et al.，2011；Arouri et al.，2012）。企业为了规避较高的环境遵守成本，更愿意在环境管制相对低的地区进行生产经营活动。从这个角度看，政府环境管制对企业环保投资决策起着负面作用。其二，要素禀赋假说。该假说认为，资源要素的丰富性可以在一定程度上抵消环境遵守成本。企业是否进行环保投资，取决于对环境遵守成本与环境管制所带来的禀赋收益之间的权衡。也就是说，企业主动增加环保投资，是基于要素禀赋优势更高，企业可以从中获益的前提。否则，如果遵守环境管制的成本更高，企业获得的禀赋收益不大于甚至不足以弥补环境遵守成本，那么，企业则不会主动进行环保投资。其三，波特假说。该理论认为，在政府制定恰当合理的环境管制政策前提下，企业可能会增加环保投入，创新清洁技术，并应用到企业生产经营过程中，从而提高企业资源的利用率，降低环境遵循成本，进而提高企业竞争力。这三种假说，虽然就环境管制影响企业环保投资决策这一问题解释不同，但一致认同环境遵守成本、政府环境管制强度是企业环保投资决策考虑的重要因素，起着举足轻重的作用。

领导干部自然资源资产离任审计试点的实施，对地区领导干部来说，刺激了其对地区资源环境质量改善意识的增强，进而完善了地区资源环境管理行为。作为制定环境政策的主要责任者，地区领导干部资源环境意识及行为的改变，一定程度上意味着地区环境遵守成本、环境标准的严格程度以及管制强度都会发生变化。法律环境的不同、政府干预不同以及企业生产经营活动的行业差异性，导致企业的环保投资决策也并不相同。我们

假设:

H7-1: 自然资源资产离任审计试点开展,会显著扩大试点地区企业环保投资规模。

二、不同行业属性的企业环保投资决策

行业不同,企业面对的市场竞争程度以及业绩水平就会存在差异,那么,政府管制强度所造成的影响亦不同。可以说,行业环境是企业进行战略决策考虑的重要因素,企业的环保投资决策必然受到行业环境及行业特性的影响 (Chiasson & Davidson, 2005, 刘星等, 2008)。

众所周知,基于行业特性,较非重污染行业来说,重污染行业[①]更容易引发环境问题,且造成环境污染影响也更大,因此,从理论上说,重污染行业应该承担更多的社会责任及环境责任。近年来,国家发布了一系列环境政策文件,要求地方政府相关部门加强对其环境管制力度,如要求重污染行业企业的污染物排放量达标、单位主要产品的排放指标以国内同行业先进水平为准、按时按量缴纳相关税费、IPO申请需出具国家环保总局核查意见等。可以看出,政府对重污染行业的环境管制更为严格。

进一步地,地方政府环境规制程度会对不同企业的产品需求、投入要

---

① 对重污染行业的界定,本章根据《关于对申请上市的企业和申请再融资的上市企业进行环境保护核查的规定》(环保总局, 2003) 和《上市公司环境信息披露指南(征求意见稿)》(环保部, 2010) 对重污染行业的界定与分类,结合《上市公司行业分类指引》(证监会, 2001),对上市公司的行业属性进行界定。

国家环保总局《上市公司环保核查行业分类管理名录》(环发 [2003] 101号) 将重污染行业分为13类,分别是冶金、化工、石化、煤炭、火电、建材、造纸、酿造、制药、发酵、纺织、制革和采矿业。

2008年,环境保护部发布《上市公司环保核查行业分类管理名录》(环办函 [2008] 373号),将火电、钢铁、水泥、电解铝、冶金、化工、石化、建材、造纸、酿造、制药、发酵、纺织、制革和采矿业等16个行业认定为环保核查范围。

2010年,环境保护部公布的《上市公司环境信息披露指南》(征求意见稿) 又将上述行业认定为重污染行业。

素成本、交易和决策成本以及遵规成本等方面造成不同的影响，进而影响企业环保投资行为。一般来说，环境规制，如禁止销售污染型产品，会使得社会对污染型产品的需求下降，而增加对清洁型产品的需求。这样，一方面，短期内，会直接影响重污染行业企业的产出和利润水平；另一方面，可能促使相关企业加大对新设备和产品的研发投资，从而提高企业的生产效率和技术创新能力，进而增强企业竞争力。同时，环境规制会给重污染行业企业带来额外成本，造成减污成本异质性。一方面，重污染行业企业的遵规成本更高，付出的代价更大，如排污费或税的提高；另一方面，重污染行业企业成本的提高，对于非重污染行业企业（服务型和科技型企业）来说，本身就降低了其相对成本。总的来看，环境规制可能会促使企业进行新设备和研发之类的投资，从而增强企业竞争力。同时，环境规制带来的成本效应，在短期内，将直接影响相关企业的产出和利润水平，使企业在市场竞争中处于不利地位。至于何种效应占据主导，需要实证进一步检验。

随着自然资源资产离任审计试点不断扩大，对领导干部生态环境责任意识及行为影响的不断加强，必然加大对地区重污染行业企业的环境管制力度，进而影响相关企业环保投资。有研究表明，正是政府对重污染行业监管更强的压力，促使重污染行业往往更愿意披露环境信息，且披露质量更高。因此，我们假设：

H7-2：自然资源资产离任审计试点的开展，会显著增加试点地区重污染企业环保投资规模。

第二节 研究设计

一、样本选择和数据来源

2012年以来,随着对资源环境的日益重视,向社会公开披露《企业社会责任报告》、《环境报告》以及《可持续发展报告》的上市公司数量与日俱增。截至2016年12月,我们共收集了约2000份上市公司的独立社会责任报告,还有少量可持续发展报告及环境报告书。在这些报告中,大量关于企业环境管理、环境绩效以及环保投资的信息,集中在"环境保护与生态可持续发展"部分披露。

为了研究自然资源资产离任审计试点开展如何影响地区相关企业环保投资规模及其企业利润,本书以披露上述报告所有A股上市公司为研究样本,并对样本进行了如下筛选:

(1)剔除报告中未披露环保投资额数据的样本。在这些报告中,大概只有30%左右的样本公司披露了环保投资额数据;

(2)剔除金融行业的样本公司。因为金融行业有着特殊的行业属性与经营特征;

(3)由于西藏自治区的部分数据不全,故剔除了西藏的上市公司,选择中国内地25个省(市、区)的上市公司作为研究对象;

(4)剔除了某些指标数据缺失的样本。此外,我们对于环保投资额数据仅有一年的样本,也予以剔除,因为不便于进行比较分析;同时,针对一些当年报告中没有披露相关数据,但仍可以获取到相应信息的样本(如在其他年份报告里），为保证样本量，本书保留了这些公司。

经过层层筛选，本章最终获得 2012~2015 年 359 个样本。

本章数据主要从以下途径获取：

（1）笔者手工收集和整理地区相关企业环保投资数据，数据来源于企业公开披露的社会责任报告、可持续发展报告以及环境报告书；

（2）自然资源资产离任审计试点数据来源于各省、直辖市及自治区审计厅（局）官方网站及相关的新闻报道；

（3）市场化指数值采用王小鲁、樊纲构建的各省（市、区）市场化指数值；

（4）其他研究变量的数据来源于 CSMAR、Wind 数据库。

我们对数值型变量在 1% 水平上予以缩尾处理，以降低离群值的影响。此外，本章的数据处理、描述性统计以及实证检验均使用统计软件 STATA11.0 进行处理。

二、企业环保投资规模及其他变量的度量

（一）主要被解释变量——企业环保投资规模（EPI）

根据国家环保总局（1999），环境污染防治费用、保护和改善生态环境支出以及与环保活动相关的资金，都属于环保投资资金。就企业而言，购置环保设备的资金、研发清洁生产技术的投资（王京芳等，2008）以及缴纳的环境税（陆旸和郭路，2008）都是企业环保投资的主要支出部分。查阅《企业社会责任报告》《环境报告》及《可持续发展报告》，我们发现，上市公司在研发环保技术、改良环保设施及系统、环境污染治理等方面投资相对更多。但因上述三个报告格式并不统一，各上市公司披露信息存在较大差异，我们对环保投资资金不做细分，主要采用环保投资总额这一指标。为消除企业规模对环保投资的可能影响，我们进一步利用"环保投资

总额/资产均值"来表示企业环保投资规模。

(二) 主要解释变量

本章将各地区是否开展领导干部自然资源资产离任审计试点作为环境规制的替代指标，考察这一政策对企业环保投资以及企业利润的影响。有关领导干部自然资源资产离任审计试点地区的信息，同前文，来源于各省、直辖市审计厅（局）官方网站及相关的新闻报道，我们手工收集，具体如表4-1所示。若所在地实施了领导干部自然资源资产离任审计试点Treat取1，否则取0。由于领导干部自然资源资产离任审计于2013年底提出，2014年各地陆续开始试点，因此本章以2014年为分界点，若样本期间为试点之后，POST则取1；若样本期间为试点之前，即2012~2013年，则POST取0。

(三) 主要控制变量

本章选择了如下主要控制变量，同时，还控制了年度固定效应（Year）以及地区固定效应（Province）。

(1) 行业属性（INDUSTRY）。根据《关于对申请上市的企业和申请再融资的上市企业进行环境保护核查的规定》（2003），国家环保总局明确对上市公司进行环保核查的13个重污染行业。2008年，环境保护部发布《上市公司环保核查行业分类管理名录》（环办函[2008]373号），进一步细化，将火电、钢铁、水泥、电解铝、煤炭、冶金、化工、石化、建材、造纸、酿造、制药、发酵、纺织、制革和采矿业等行业作为环保核查范围，具体如表7-1所示。其中行业代码源自国泰安数据库，以三位代码为主，与中国证监会2001年的《上市公司行业分类指引》一致。该行业属性变量为虚拟变量，若样本公司属于重污染行业取1，否则取0。

(2) 企业控股性质（STATE）。在我国，企业按控股性质可以分为国有企业与非国有企业。若样本公司属于国有控股企业，企业控股性质（STATE）赋值为1，否则取值为0。有研究表明，在责任承担、公司治理

表 7-1　重污染行业分类及代码

标准发布年份	重污染行业名称
2003	冶金、化工、石化、煤炭、火电、建材、造纸、酿造、制药、发酵、纺织、制革和采矿业
2008	火电、钢铁、水泥、电解铝、煤炭、冶金、建材、采矿、化工、石化、制药、轻工（酿造、造纸、发酵、制糖等）、纺织、制革
行业代码	B06、B07、B08、B09、B10、B11、C13、C14、C15、C17、C18、C19、C22、C25、C26、C27、C28、C29、C30、C31、C32、C33

以及市场效应方面，国有企业和非国有企业存在显著差异（刘瑞明，2012）。一般来说，国有企业会主动承担更多的社会责任，环保投资积极性更高，因此，政府对它们的干预更多更直接。但有学者认为，非国有企业考虑获得政府支持、树立良好形象等，可能会在环保方面有更好的表现，对环境规制的反应更为敏感，环保投资更多。

（3）地区经济发展水平（GDP）。地区经济发展衡量指标相对比较统一，借鉴前人的研究，本章采用人均GDP的自然对数来衡量地区经济发展水平，以避免地区规模对经济发展的影响以及可能的异方差性。

（4）地区市场化程度（REGION）。地区市场化水平变量，借鉴前人研究，以樊纲和王小鲁构建的各省（市、区）市场化指数值表示；各地区市场化进程在一定程度上反映地方政府对环境规制的力度，地区市场化程度越高，对环境的重视程度就会越高，从而地方企业感受到的环境责任更为明显。

（5）地区产业结构（Str）。不同产业的污染物不同，对环境质量影响程度就不同。若以粗放型生产方式为主的地区，那么该地区环境污染治理任务更重，环境质量会相对低。本章采用工业产值增加额占GDP的比重对产业结构进行测度。

（6）地区资源环境投资力度（INPUT）。学者们通过实证发现，地方政府在环境保护支出的增加将带来污染排放量的减少，因此地区资源配置与资金投向影响地区的资源环境质量。地区资源环境投资力度大，可以看出政府资源环境治理的态度，也势必影响企业决策。本章利用地区环境污染治理投资在 GDP 中所占比重加以衡量。

（7）地区资源环境监管力度（MONITOR）。在环境领域投入的人力越多，更便于对地区资源环境的监测，同时也可以加大对违法行为的监察，因此，地区监管力度越大，会影响企业相关决策。本章采用环境监测部门机构数以及环境监测人员数来衡量地区监管力度，如表 7-2 所示。

表 7-2 变量说明

变量性质	变量代码	变量名称	变量含义
被解释变量	EPI	企业环保投资规模	以"企业投资的环保投资资金/资产平均值"加以衡量
解释变量	TREAT	试点地区	如果是试点地区，则设为 1，否则为 0
	POST	试点开始时间	以 2014 年为分界点，若样本期间为试点之后，则取 1；反之则取 0
控制变量	INDUSTRY	行业属性	若为重污染企业，赋值为 1，否则为 0
	STATE	企业控股性质	若是国有企业，赋值为 1，否则为 0
	GDP	地区经济发展水平	以人均 GDP 的自然对数加以衡量
	REGION	地区市场化进程	以樊纲和王小鲁构建的各省（市、区）市场化指数值加以衡量
	Str	地区产业结构	以工业产值增加额占 GDP 的比重加以衡量
	INPUT	地区资源环境投入行为	以地区环境污染治理投资在 GDP 中所占比重（INPUT_i）加以衡量
	MONITOR	地区资源环境监管行为	环境监测部门机构数以及环境监测人员数

三、模型设定

为了验证领导干部自然资源资产离任审计的实施能否促进领导干部加强对污染环境治理的规制，并进而影响相关企业环保投资行为与决策，借鉴前人研究，构建模型（7-1）。

$$\mathrm{EPI} = \alpha_0 + \alpha_1 \mathrm{TREAT} + \alpha_2 \mathrm{POST} + \alpha_3 \mathrm{Treat} \times \mathrm{Post} + \alpha_i \sum_{i=4}^{n} \mathrm{Control} + \varepsilon \quad (7-1)$$

第三节 实证检验结果及分析

一、描述性统计

(一) 样本企业环保投资规模变量分析

1. 企业环保投资规模分年度行业分布情况及试点地区情况

如表7-3所示，样本企业环保投资规模分年度行业分布情况及试点地区情况具有以下特征：首先，各年度不同行业间样本量的变动幅度比较小，但从2013年、2014年开始逐渐呈升高趋势，说明公司对环保投资的重视程度得到提高；其次，在试点地区各年样本分布可以看到，自领导干部自然资源资产离任审计试点实施（2014年）以来，企业环保投资（EPI）样本数量增长幅度（2.48%）大于试点前样本数量的增长幅度（1.66%），这在一定程度上反映了该项审计实施对试点地区企业环保投资有一定影响。

表7-3 样本的行业属性分布表

行业	年份				
	2012	2013	2014	2015	合计
制造业	66	60	58	61	245
	26.94%	24.49%	23.67%	24.90%	68.25%
非制造业	26	28	29	31	114
	22.81%	24.56%	25.44%	27.19%	31.75%

续表

行业	年份				
	2012	2013	2014	2015	合计
重污染行业	44	35	37	38	154
	28.57%	22.73%	24.03%	24.68%	42.90%
非重污染行业	48	53	50	54	205
	23.41%	25.85%	24.39%	26.34%	57.10%
试点地区	30	32	28	31	121
	24.79%	26.45%	23.14%	25.62%	33.70%
非试点地区	62	56	59	61	238
	26.05%	23.53%	24.79%	25.63%	66.30%

如表 7-4 所示，全样本企业环保投资规模的均值约为 0.64%，中位数为 0.27%，中位数明显低于均值，这说明绝大多数样本公司的环保投资规模远未达到平均水平。分年度样本也呈现出类似趋势，样本企业环保投资规模中位数低于其均值，这在一定程度上说明我国上市公司存在环保投资额不足的现象，与唐国平等（2013）的结论一致。此外，环保投资规模的最小值与最大值之间、标准差和均值、中位数之间也存在很大差距，标准差高于均值和中位数，这说明样本企业环保投资行为可能存在突出的个体差异。

表 7-4 企业环保投资规模的基本统计量

年份	样本量	均值	标准差	中位数	最小值	最大值
2012	92	0.0067	0.0121	0.0029	4.72e-06	0.0766
2013	88	0.0057	0.0090	0.0024	6.11e-06	0.0498
2014	87	0.0067	0.0108	0.0029	3.58e-07	0.0719
2015	92	0.0067	0.0196	0.0020	4.68e-08	0.1823
合计	359	0.0064	0.0135	0.0027	4.68e-08	0.1823

表 7-5 是利用 T 检验和 M-W U 检验方法，检验重污染行业企业与非重污染行业企业、试点地区与非试点地区企业间样本环保规模是否存在显著差异。如表 7-5 所示，重污染行业环保投资规模（EPI）的平均值 0.66%，高于非重污染行业企业的 0.63% 和全样本的 0.64%。从 T 检验结果看，这两类企业的环保投资规模并不存在显著差异；而 M-W 检验结果表明，两类企业间的环保投资规模中位数在 5% 显著性水平下存在差异，意味着重污染行业企业通常比非重污染行业企业环保资金投入规模更大。

表 7-5 样本的描述性统计及 T 检验结果

变量名称	重污染行业		非重污染行业		T 检验	Mann-Whitney 检验
	均值	中位数	均值	中位数	（1）v.s（2）	（1）v.s（2）
企业环保投资规模（EPI）	0.0066	0.0031	0.0063	0.0018	0.0003	0.0013**
变量名称	试点地区		非试点地区		T 检验	Mann-Whitney 检验
	均值	中位数	均值	中位数	（1）v.s（2）	（1）v.s（2）
企业环保投资规模（EPI）	0.0075	0.0029	0.0058	0.0024	0.0017	0.0005

注：***、** 和 * 分别表示 1%、5% 和 10% 水平上显著。

为了进一步分析领导干部自然资源资产离任审计对各地区上市公司环保投资的影响，本章仍然利用 T 检验和 M-W U 检验方法，并按照样本是否属于试点地区，将全样本划分为试点地区企业与非试点地区企业样本，考察试点地区与非试点地区企业的环保规模是否存在显著差异（结果见表 7-5）。从环保投资规模的平均值来看，试点地区企业的取值为 0.75%，高于非试点地区企业的 0.58% 和全样本的 0.64%。从 T 检验和 M-W U 检验结果来看，试点地区企业通常比非试点地区企业投入了更大规模的环保资金，但并不存在显著差异。

2. 企业环保投资规模的地区分布

一般来说，政府会因地制宜，制定不同的环境管制政策。因为，地域不同，经济社会经济发展水平、市场化进程、资源禀赋、环境状况也不相同，那么不同区域环境管制政策就存在明显的不平衡性和差异性，对属地企业环保投资行为影响也不尽相同。借鉴《中国统计年鉴》中对地域的划分方法，我们将我国各地区分成"四大经济板块"，以公司的注册地为划分标准，分为东部地区[①]、中部地区[②]、西部地区[③]以及东北地区[④]上市公司。

如表7-6所示，本章看到样本公司环保投资规模的地区分布呈现出以下特点：一是东部地区样本公司占比最高，占比约为全部样本的57.38%。二是从企业环保投资规模均值看，由大到小依次为东北地区、西部地区、中部地区、东部地区。

表7-6　企业环保投资规模分地区基本统计量

地区	样本量	均值	标准差	中位数	最小值	最大值
东部地区	206	0.0051	0.0144	0.0016	4.68e-08	0.1823
中部地区	70	0.0057	0.0078	0.0028	0.00004	0.0389
西部地区	55	0.0085	0.0106	0.0037	0.00012	0.0470
东北地区	28	0.0143	0.0196	0.0044	0.00005	0.0766

进一步地，从表7-7中T检验和M-W U检验结果看，不同地区企业环保投资规模存在显著差异。具体来说，东部地区与西部地区（-0.0034）、东北地区（-0.0092）以及中部地区与西部地区（-0.0028）、东北地区（-0.0086）在5%的水平下存在显著性差异。

[①] 东部地区包括北京、天津、河北、上海、江苏、浙江、福建、山东、广东、海南。
[②] 中部地区包括山西、安徽、江西、河南、湖北以及湖南。
[③] 西部地区包括内蒙古、广西、重庆、四川、贵州、云南、陕西、甘肃、青海、宁夏、新疆。
[④] 东北地区包括辽宁、吉林及黑龙江。

表 7-7 不同地区样本的描述性统计及 T 检验结果

地区	EPI		东部		中部		西部		东北	
	mean	p50	T	Z	T	Z	T	Z	T	Z
东部	0.0051	0.0016	—	—	−0.0006	−0.0012**	−0.0034**	−0.0021***	−0.0092***	−0.0028***
中部	0.0057	0.0028	—	—	—	—	−0.0028**	−0.0009*	−0.0086***	−0.0016**
西部	0.0085	0.0037	—	—	—	—	—	—	−0.0058**	−0.0007*
东北	0.0143	0.0044	—	—	—	—	—	—	—	—

注:***、** 和 * 分别表示 1%、5% 和 10% 水平上显著。

3. 企业环保投资规模的产权特征

一般来说,国有上市公司可能承担的社会责任更多,企业环保投资也更多。因为,政府一方面,给予国有企业更多的资源和政策优惠,另一方面,对其干预也较多。另外,非国有上市公司为了获得政府支持、树立良好形象等,可能会在环保方面有更好的表现,对环境规制的反应更为敏感,环保投资更多。因此,企业所属的产权性质不同,企业的环保投资行为也不相同。

表 7-8 不同产权性质企业环保投资规模基本统计量

产权性质		样本量	均值	标准差	中位数	最小值	最大值
国有企业		289	0.0061	0.0134	0.0025	4.68e-08	0.1823
非国有企业		70	0.0079	0.0140	0.0029	0.000056	0.0719
变量名称	变量	国有企业		非国有企业		T 检验	M-W 检验
		均值	中位数	均值	中位数	(1) v.s (2)	(1) v.s (2)
企业环保投资规模	EPI	0.0061	0.0025	0.0079	0.0029	−0.0018	−0.0004

注:***、** 和 * 分别代表 1%、5% 和 10% 的显著性水平。

表 7-8 是按照产权性质列示了国有上市公司与非国有上市公司环保投资规模,我们发现,样本公司大部分属于国有企业,其中,国有公司的样本量为 289 家,占比 80.50%;其次,非国有企业环保投资资金更多,非国有企业环保投资规模的均值(0.0079)和中位数(0.0029)均高于国有企

业的相应取值。然而，均值检验和 M-W 检验表明，两组样本的均值和中位数不存在显著性差异。

4. 市场化进程与企业环保投资规模

根据市场化进程指数的构成，本章认为，市场化进程指数是地区经济发展水平、资本市场完善度、法制化水平的综合反映。市场化进程这一具有综合特性的指标，势必会对企业经营决策与投资决策产生重要影响。

本章根据 2011~2014 年各省（市、区）市场化指数值，以中位数为基准，将 25 个省（市、区）分为高市场化进程地区（市场化指数高于中位数 7.44）与低市场化进程地区，进而探讨各类市场化进程地区之间的企业环保投资是否存在显著性差异。如表 7-9 所示，可以看到：高市场化进程地区均值（0.0052）、中位数（0.016）均显著低于市场化进程低的地区相应值。

表 7-9　不同市场化进程地区样本的描述性统计及 T 检验结果

市场化程度		样本量	均值	标准差	中位数	最小值	最大值
高市场化地区		194	0.0052	0.0148	0.0016	4.68e-08	0.1823
低市场化地区		165	0.0079	0.0117	0.0033	0.000044	0.0766
变量名称	变量	高市场化地区		低市场化地区		T 检验	M-W 检验
		均值	中位数	均值	中位数		
企业环保投资规模	EPI	0.0052	0.0016	0.0079	0.0033	-0.0018**	-0.0004***

注：***、** 和 * 分别表示 1%、5% 和 10% 水平上显著。

（二）其他主要变量的描述性分析

其他解释变量与控制变量的基本统计量如表 7-10 所示。

表 7-10　主要解释变量和控制变量基本统计分析

变量名称	变量	样本量	均值	标准差	中位数	最小值	最大值
试点地区	TREAT	359	0.3860	0.4872	0	0	1
	POST	359	0.4942	0.5003	0	0	1

续表

变量名称	变量	样本量	均值	标准差	中位数	最小值	最大值
行业属性	INDUSTRY	359	0.4503	0.4979	0	0	1
市场化度	STATE	359	0.7456	0.4358	1	0	1
控股性质	Gdp_p	359	10.956	0.4595	11.017	9.9978	11.589
经济水平	REGION	359	7.3771	1.8336	7.44	2.53	9.95
产业结构	Str	359	36.7454	9.7382	40.6187	16.124	50.736
投资力度	INPUT	359	1.5155	0.7609	1.3	0.66	4.24
监管力度	MONITOR	359	85.039	55.615	97	13	203

二、相关性分析

表 7-11　相关系数表

变量	EPI	TREAT	INDUSTRY	STATE	Gdp_p	REGION	Str	INPUT	Monitor
EPI	1.000								
TREAT	0.036*	1.000							
Industry	0.112*	0.049*	1.000						
STATE	−0.051*	−0.323*	−0.018	1.000					
Gdp_p	−0.252*	−0.179*	−0.192*	−0.004	1.000				
REGION	−0.259*	−0.014	−0.237*	−0.058*	0.780*	1.000			
Str	0.058*	0.399*	0.014	−0.167*	−0.296*	−0.279*	1.000		
INPUT	−0.007	−0.178*	0.153*	0.086*	0.063*	−0.166*	−0.221*	1.000	
Monitor	0.111*	0.431*	0.141*	−0.135*	−0.723*	−0.492*	0.439*	−0.12*	1.000

注：***、** 和 * 分别代表1%、5%和10%的显著性水平。

表 7-11 是被解释变量企业环保投资规模（EPI）与解释变量（TREAT）以及主要控制变量间的相关关系。如表所示，自然资源资产离任审计试点地区企业环保投资（EPI）在 10% 显著性水平上为正，说明自然资源资产离任审计试点开展地区，经由领导干部资源环境责任意识提高并加强管理行为，对地区相关企业环保投资决策产生了影响，环保投资规模更大，这

与本章假设初步一致。

三、回归结果分析

表 7-12 实证检验回归结果一

变量		EPI（1）	EPI（2）
Treat × Post	（1）	0.0061** (2.28)	0.0058** (2.14)
TREAT	（2）	−0.0008 (−0.36)	0.0016 (0.56)
POST	（3）	−0.0019 (−0.99)	−0.0029 (−0.99)
INDUSTRY	（4）		−0.0013 (−0.71)
REGION	（5）		0.0003 (0.26)
STATE	（6）		−0.0015 (−0.67)
Gdp_p	（7）		−0.0096 (−1.37)
Str	（8）		0.00008 (0.59)
INPUT	（9）		0.0021 (1.42)
MONITOR	（10）		−0.00006 (−1.60)
CONS	（11）		0.1105 (1.53)
Year/Province		Yes	Yes
N		359	359
R^2_a		0.0130	0.0587

注：***、**和*分别代表1%、5%和10%的显著性水平；括号中为t值。

第七章 自然资源资产离任审计影响属地企业环保投资行为的实证检验

表 7-12 是自然资源资产离任审计对地区相关企业环保投资行为影响的回归结果。该表被解释变量为企业环保投资规模（EPI）。交乘项 Treat × Post 代表自然资源资产离任审计政策对企业环保投资规模的"净影响"。如表中（1）（2）列所示，Treat × Post 系数在 5% 显著性水平下为正（0.0061、0.0058），表明相对于非试点地区而言，试点地区相关企业在自然资源资产离任审计试点开展后，企业环保投资规模显著扩大。此外，从经济意义上看，EPI 的均值为 0.64%，因此，0.6% 的企业环保投资规模扩大幅度在经济意义上也是重要的，假设 H7-1 得到验证。

表 7-13 是自然资源资产离任审计试点开展对属地不同行业属性企业环保投资行为影响的回归结果。其中 Industry 代表企业所在行业，若为 1，表示该企业所在行业属于重污染行业；否则为非重污染行业。如表（1）列所示，Treat × Post 系数在 10% 显著性水平下为正（0.0079），表明自然资源资产离任审计试点开展显著扩大属地重污染企业的环保投资规模，假设 H7-2 得到验证。

表 7-13 实证检验回归结果二

变量 EPI		（1）Industry = 1	（2）Industry = 0
Treat × Post	（1）	0.0079* (1.89)	0.0027 (0.93)
TREAT	（2）	0.0022 (0.52)	0.0019 (0.53)
POST	（3）	−0.0047 (−0.88)	−0.0042 (−1.39)
REGION	（4）	0.0028 (1.09)	−0.0011 (−0.82)
STATE	（5）	0.0016 (0.45)	−0.0052** (−2.08)
GDP_P	（6）	−0.0131 (−1.14)	−0.0065 (−0.86)
Str	（7）	0.0001 (0.50)	−0.0001 (−0.97)

续表

变量 EPI		(1) Industry = 1	(2) Industry = 0
INPUT	(8)	0.0019 (0.71)	0.0023 (1.59)
MONITOR	(9)	−0.0001 (−0.71)	−0.00004 (−1.15)
CONS	(10)	0.1257* (1.08)	0.0947 (1.20)
Year/Province		Yes	Yes
N		154	205
R^2_a		0.0609	0.2646

注：***、**和*分别代表1%、5%和10%的显著性水平；括号中为t值。

四、进一步检验

如前文结果所示，领导干部自然资源资产离任审计试点实施后，试点地区企业环保投资规模显著提高。在我国特有的政治经济背景下，企业产权性质不同，对领导干部自然资源资产离任审计这一环境规制的敏感程度也不尽相同。一般来说，政府会在资源获取和政策上给予国有企业更多优惠，同时，也会更多地对其干预，使其承担更多的社会责任和政策性负担（Shleifer、Vishny，1994；林毅夫等，2004）；另外，非国有企业为了获得政府支持，或者赢得更好的社会形象，而主动承担更多的环保责任，在环境治理上下功夫。

表 7-14 进一步检验—回归结果

变量		(1) 国有企业样本	(2) 非国有企业样本
		EPI (1)	EPI (2)
Treat × Post	(1)	0.0033 (0.94)	0.0069 (1.12)
TREAT	(2)	0.0024 (0.85)	−0.0022 (−0.33)

续表

变量		（1）国有企业样本 EPI（1）	（2）非国有企业样本 EPI（2）
POST	（3）	−0.0024 (−0.78)	0.0005 (0.04)
INDUSTRY	（4）	−0.0015 (−0.90)	−0.0002 (−0.06)
REGION	（5）	0.0001 (0.11)	−0.0012 (−0.27)
Gdp_p	（6）	−0.0097 (−1.60)	0.0017 (0.06)
Str	（7）	0.0001 (0.58)	0.0003 (0.89)
INPUT	（8）	0.0007 (0.46)	0.0094** (2.38)
MONITOR	（9）	−0.0001** (−2.20)	0.00002 (0.13)
CONS	（10）	0.1155* (1.90)	−0.0274 (−0.09)
Year/Province		Yes	Yes
N		289	70
R^2_a		0.0459	0.2518

注：***、**和*分别代表1%、5%和10%的显著性水平；括号中为t值。

表 7-14 是以产权性质（STATE）为分类标准的回归结果。如表 7-14 所示，从列（1）（2）可以看到，在自然资源资产离任审计试点开展后，国有企业与非国有企业均扩大了环保投资规模（0.0033、0.0069），虽不存在显著差异，但在一定程度上也可以看出非国有企业为了树立更好的形象，主动承担更多的资源环境保护责任，环保投资规模的扩大幅度更大。此外，本章还注意到，如行（8）所示，自然资源资产离任审计试点开展后，地方政府在资源环境管理投入越大，所带来的政策导向作用对非国有企业影响越大；同时，地方政府资源环境监管力度的增强，与国有企业环保投

资规模呈负相关关系,这可能原因在于:①国有企业在自然资源资产离任审计试点开展之前,就已经是环保政策的高度贯彻者和重点关注对象,因此,自然资源资产离任审计试点开展,也没有造成国有企业现有状态的较大波动。②自然资源资产离任审计实施后,企业披露的相关数据准确性得到提升。

表 7-15 进一步检验二回归结果

变量 EPI	(1) Gdp_h	(2) Gdp_l	(3) Str_h	(4) Str_l	(5) Law_h	(6) Law_l
Treat × Post	0.0034 (0.92)	0.0022 (0.37)	0.0031 (0.46)	0.0031 (0.52)	0.0076 (1.42)	0.0034 (0.86)
TREAT	0.0109 (1.53)	−0.0013 (−0.26)	0.0096 (1.20)	−0.007 (−1.16)	0.015 (1.09)	−0.0025 (−0.80)
POST	0.0033 (0.63)	−0.0049 (−0.91)	−0.0022 (−0.27)	−0.0043 (−1.37)	−0.0103 (−0.86)	−0.008** (−2.38)
CONS	−0.2340 (−1.09)	−0.0135 (−0.12)	0.2997** (2.26)	0.065 (0.89)	0.3519 (0.86)	0.087 (1.31)
CONTROLS	Yes	Yes	Yes	Yes	Yes	Yes
Year/Province	Yes	Yes	Yes	Yes	Yes	Yes
N	180	179	163	196	194	165
R^2_a	0.0582	0.0808	0.0780	0.2509	0.0330	0.1376

注:***、** 和 * 分别代表 1%、5% 和 10% 的显著性水平;括号中为 t 值。

表 7-15 是不同经济发展水平、不同产业结构及不同法制化发展水平地区进一步检验的回归结果。从表的 Panel A、Panel B 部分可以看到,Treat × Post 系数均不显著,这意味着自然资源资产离任审计试点开展,对于经济发展水平不同、产业结构不同以及法制化水平不同地区的相关企业的环保投资规模以及企业利润没有显著影响,这也可能是因为同期受到其他资源环境治理政策影响,削弱了该项审计效应。

五、稳健性测试

为验证上述分析结果的稳健性,本章借鉴以往研究,去除政策冲击当年 2014 年样本加以验证,本章研究结论基本保持不变,稳健性检验的双重差分结果如表 7-16 所示。表的(1)(2)列报告了自然资源资产离任审计试点开展对相关企业环保投资规模的影响,Treat × Post 系数均在 10% 的显著性水平下为正(0.0072、0.0062),这表明自然资源资产离任审计试点开展,刺激地区领导干部资源环境责任意识提高并采取了相应行动,增加资源环保投资,加大监管力度,这向区域内相关企业传达出环境规制提高的信号,促使相关企业调整企业环保投资决策,显著增加了环保投资规模。

表 7-16 稳健性检验回归结果

变量	EPI	
	(1)	(2)
Treat × Post	0.0072*	0.0062*
	(1.87)	(1.60)
TREAT	−0.0009	0.0019
	(−0.41)	(0.68)
POST	−0.0024	−0.0017
	(−0.98)	(−0.51)
CONTROLS	No	Yes
CONS	0.0069***	0.0671
	4.18	(0.94)
Year/Province	Yes	Yes
N	272	272
R^2_a	0.0163	0.0604

注:***、** 和 * 分别代表 1%、5% 和 10% 的显著性水平;括号中为 t 值。

第四节 主要结论

自然资源资产离任审计试点的开展,促进了领导干部更好地履行自然资源资产管理和生态环境保护责任,减少领导干部的道德风险和逆向选择行为,实施一系列资源环境治理举措,在一定程度上传达出地方政府环境规制进一步加强的信号,带来地区环境遵守成本、环境标准严格程度变化,因此会影响地区相关企业环保投资决策,进而对企业利润产生影响。

本章以各地区上市公司企业环保投资规模及企业利润为研究对象,检验自然资源资产离任审计试点开展,是否显著影响各地区相关企业的环保投资规模以及企业利润。研究发现,自然资源资产离任审计试点的开展,显著增加了属地相关企业环保投资规模,特别是增加了重污染企业的环保投资规模。此外,本章去除了政策冲击当年样本,结论基本保持不变。

第八章
研究结论及政策建议

本书在理论分析与调查研究的基础上,构建了自然资源资产离任审计政策后果的逻辑分析框架,并从领导干部资源环境责任意识、地方政府资源环境管理行为、地区自然资源资产状况和生态环境质量以及属地企业环保投资行为角度对我国开展自然资源资产离任审计试点的政策后果进行了实证研究。本章对主要研究内容与结论进行总结性描述,并据此提出相关的政策建议,以期为自然资源资产离任审计的发展提供借鉴,并对领导干部受托资源环境责任的履行及国家和地区完善环境治理提供指导。同时,本章也指出了书中的研究局限及进一步的研究方向。

第一节 主要研究结论

随着自然资源资产离任审计试点在全国分阶段分步骤地推进,本书以意识、行为与后果相关理论、公共受托责任理论、可持续发展理论、环境规制理论等为基础,对领导干部自然资源资产离任审计政策效应进行深入分析,并在此基础上构建了以"环境刺激意识、意识决定行为、行为产生后果"为逻辑的自然资源资产离任审计政策后果的系统分析框架。在理论分析的基础上，运用实证研究方法进行检验，得出如下主要结论：

（1）自然资源资产离任审计试点开展显著提高领导干部资源环境责任意识。一个地区资源环境保护的关键在于地方领导干部的理性选择。自然资源资产离任审计试点的推行，则发挥着重要的信息传递效应。领导干部自然资源资产离任审计以其相对独立性和技术方法的专业性，既可以鉴证领导干部提供的相关信息的真实性，也可以直接提供问责信息，这在一定程度上增加领导干部在资源环境领域感知的压力，显著提高领导干部资源环境责任意识。地区经济发展水平、产业结构、法制化发展水平不同，自然资源资产离任审计试点对该地区领导干部资源环境责任意识影响亦不同。较其他地区，经济发展水平低或者以工业产业结构为主的地区，自然资源资产离任审计试点政策效应发挥得更为显著。基于自然资源资产离任审计尚处于试点阶段，其效应具有滞后性的考虑，本书剔除试点开展当年的影响，研究发现，滞后一期 Treat×Post 系数在更高显著性水平上更大，意味着自然资源资产离任试点开展的政策效应更为显著，对领导干部资源环境责任意识的影响更强更大。本书还采用地区资源环境制度供给情况，即地方现有有效的环保法规数量，进一步印证这一结果的可靠性。结果表明，自然资源资产离任审计试点开展的确刺激了领导干部的资源环境责任意识。

（2）自然资源资产离任审计试点的开展，显著增加了领导干部对地区资源环境管理的投入行为及监管行为。领导干部作为政府行为的直接主体，其行为是领导干部意识的体现。实证检验发现，自然资源资产离任审计试点的开展，促使领导干部资源环境责任意识提高，从而引导其行为遵循指引方向，减少领导干部的道德风险和逆向选择行为，通过加大环保投资及加强环境监督等行为，更好地履行自然资源资产管理和生态环境保护责任。研究还发现，自然资源资产离任审计对地方政府资源环境管理行为的影响是经由领导干部资源环境责任意识提高实现的。此外，鉴于各地自

第八章 研究结论及政策建议

然资源资产禀赋特点和生态环境保护工作重点不同，自然资源资产离任审计试点对不同地区领导干部资源环境管理行为影响不同。较其他地区，经济发展水平低、城镇化水平低、工业产业结构为主以及法制化发展水平低的地区，自然资源资产离任审计试点的开展，显著增加了地区资源环境投资行为。而经济发展水平低、城镇化水平高、工业占比低、法制化发展水平高的地区，自然资源资产离任审计试点的开展对其资源环境监管行为的影响更为显著。

（3）自然资源资产离任审计试点的开展，显著改善了地区土地资源资产利用及矿产资源污染治理的情况，同时，地区水资源环境及大气环境质量得到显著改善。自然资源资产离任审计试点开展，促进领导干部资源环境责任意识增强，并实施相应的管理行为，更好地履行受托资源环境责任，从而导致地区自然资源资产合理利用并且生态环境得到改善的直接效果。然而由于主客观条件的制约、地区资源环境质量本身的复杂性和多样性，以及地方政府领导干部在行为过程中常常碰到的一些事先预想不到的情况，使得行为效果并不一定符合行为主体的意图和努力，地区资源环境效果具有不确定性。本书以土地资源、水资源、林木资源以及矿产资源资产利用情况及水、空气环境质量为研究对象，发现自然资源资产离任审计试点的开展，显著改善了试点地区土地资源资产状况、矿山生态环境治理情况以及水环境和大气环境质量，而水资源资产状况和林木资源资产状况改善并不显著，这可能与资源管理本身的异质性及统计数据获取可得性有关。与其他地区相比，东部地区自然资源资产离任审计试点的开展，对属地自然资源资产开发、利用、保护及环境质量改善影响更为明显，而且东部地区单位地区生产能耗也显著降低了，显著促进了地区绿色经济发展。

（4）自然资源资产离任审计试点的开展显著扩大了试点地区企业环保投资规模，特别是重污染企业的环保投资规模。作为市场经济主体的企业个体在环境污染与环境保护中扮演着重要角色。地区环境污染在一定程度上也是企业决策的结果。自然资源资产离任审计试点的开展，不仅对地方政府领导干部意识和行为产生影响，而且无疑向地区企业发出环境规制政策加强的信号，从而影响地区相关企业环保投资决策及行为。

第二节 政策建议

在全国积极推进生态文明建设，高度重视资源环境事务并努力创建"美丽中国"的时期，本书结合上述研究结论，针对国家政策制定部门、审计部门及被审计责任主体提出相关政策建议，以逐步完善自然资源资产离任审计制度，更好地发挥该项审计作用。

一、针对国家政策制定部门层面的政策建议

（一）因地制宜，建立健全自然资源资产离任审计评价和责任界定标准

如前所述，不同地区自然资源禀赋及生态环境质量基础不同，自然资源资产离任审计政策对领导干部资源环境责任意识和行为的影响不同。因此，本书建议在审计评价和责任界定过程中，要充分考虑被审计领导干部所在地区、部门、单位的特定和实际情况，根据各地审计内容选择确定主要审计评价标准，制定有差异化的政策，并注意滚动修订和优化自然资源资产离任审计标准。

（二）高度重视自然资源资产离任审计结果的运用，最大程度发挥审计功效

自然资源资产离任审计以其相对独立性和技术专业性，对相关利益者构成了"问责压力"，从而显著提高了地区领导干部的资源环境责任意识，

促使其在资源环境管理投入更多的"注意力"并改善资源管理行为。自然资源资产离任审计所形成的这种压力,很大程度上缘于审计结果所带来的影响。也可以说,自然资源资产离任审计发挥作用的途径主要表现在审计评价、信息披露与问责机制的有机结合。在审计监督中,如果只审查而不对查出的问题进行处理,则审计的意义大打折扣。一方面,对在监控领导干部自然资源资产管理和生态环境保护权力运行过程中发现的需要追究领导干部责任的,审计机关要及时移送相关部门,依规依纪依法追究领导干部责任,以有效发挥自然资源资产离任审计威慑的作用;另一方面,在审计过程中获取的领导干部相关履责信息,也要及时提供给相应部门,作为干部考核、任免、奖惩等政策口径的重要依据,以发挥自然资源资产离任审计激励的作用。此外,加大自然资源资产离任审计结果及整改情况公告力度,可以在社会中形成监督合力,让领导干部、企业甚至个人面临更大"舆论压力",倒逼各责任人的资源环境保护行为。

二、针对审计部门层面的政策建议

(一) 持续关注地区资源环境法规执行情况,确定自然资源资产离任审计重点

自然资源资产离任审计是以领导干部任职期间履行自然资源资产管理和生态环境保护责任情况为主线而展开审计的。由本书结论可知,自然资源资产离任审计试点的开展显著提高了地区领导干部资源环境责任意识,并且显著增加了当地现行有效的地方性环保规章数量。按照政策过程理论,政策制定是公共政策过程的第一阶段,可见,在自然资源资产离任审计过程中,首先应该将这些与之相关的重大决策制定及执行事宜作为审计重点内容之一。审计人员积极持续地关注这些法规、规制制度的落实,也利于确定自然资源资产离任审计的重点内容。

（二）充分重视高科技手段的应用，准确界定被审计人员应承担的责任

如何准确衡量地方政府领导干部自然资源资产管理和生态环境保护责任的履行情况，不仅是一项综合、复杂、系统的评价工作，还能更好地激发地方政府领导干部有效履行受托责任的积极性。没有切实可行的评价内容，会使该项审计活动带有很大程度的人为因素，降低审计效率，加大审计风险。因此，本书建议除了必要的常规审计手段外，审计部门应注重充分运用测绘遥感、自动监测等高科技手段，获得更加准确、可靠的数据及审计证据。正确划分被审计人员承担的直接责任与间接责任主观责任与客观责任、历史责任与任期责任等，以便对领导干部履责情况做出准确客观的评价，从而对其应承担的责任加以准确界定。

（三）推进自然资源资产离任审计准则的制定，完善自然资源资产离任审计制度

由上述研究结论可以看到，自然资源资产离任审计试点的开展，可刺激地方政府领导干部资源环境责任意识提高，由此，显著增加地方政府资源环境的投入并强化了资源环境监管行为。进一步地，地方政府领导干部资源环境意识和行为的变化，也使得地区资源环境质量改善，属地相关企业环保投资规模扩大。可见，自然资源资产离任审计这一体现尊重自然、顺应自然、保护自然之生态文明理念的重要制度创新，其政策效果已经初显。继续完善自然资源资产离任审计，可以发挥这一新型审计监督制度更大的功效。然而，在研究过程中，本书发现自然资源资产离任审计作为新兴审计类型，各地试点探索的方式并不相同，有的地区在离任审计中增加资源环境审计内容，有的将资源环境审计与其他专项审计结合，这与我国仍未制定相关审计准则有很大关系。因此，本书建议在推动自然资源资产离任审计制度完善的进程中，尽快制定与之相关的准则，使各地可以根据自身审计对象特点和审计主体情况，合理确定该项审计的内容、方法及评价标准等，以完善这一新兴审计制度。

三、针对被审计责任主体层面的政策建议

（一）高度重视受托自然资源资产管理和生态环境保护责任

长期以来，过分重视GDP的不科学的政绩观淡化了部分党政领导干部保护自然资源的责任意识，不健全的责任追究制度更助长部分领导干部牺牲生态环境以实现经济增长。一个地区资源环境保护的关键在于地方领导干部的理性选择。只有政府担负起主导职责，从决策源头把握对资源环境的关注，才能扭转生态环境损害加剧之现状。因此，本书建议地方政府被审计责任主体应该高度重视所承担的自然资源资产管理和生态环境保护责任，制定科学的资源环境决策，加大环保投资规模，增强环境监管力度。

（二）积极配合自然资源资产离任审计

地方政府领导干部受托承担自然资源资产管理和生态环境保护责任，而自然资源资产离任审计是以被审计领导干部任职前后所在地区自然资源资产负债表以及相关部门统计监测数据所反映的自然资源资产实物量和生态环境质量状况变化为基础，监控领导干部资源环境管理权力运行过程，并提供其履责信息，并对其履责情况做出审计评价。如前结论，自然资源资产离任审计可以有效地推动地方政府领导干部增强意识，优化行为，尽责地完成受托公共资源环境责任。而且，审计结果还将作为领导干部晋升考核、生态绩效考核等的重要依据。基于此，地方政府应该高度重视资源环境事务，并积极配合自然资源资产离任审计工作，保证审计工作的顺利进行。在研究过程中，笔者多次与各地审计部门及相关部门建立联系，试图取得自然资源资产负债表以及相关的资料，但始终没有如愿，这也是致使研究无法更加深入的症结所在。因此，本书建议健全自然资源资产离任审计信息和共享机制，提供信息基础，为该项审计提供专业支持和保障，以更大程度地发挥该项审计功能，服务国家资源环境治理。

第三节 研究局限性及进一步研究方向

一、研究局限性

受限于时间、精力及学识,笔者深知,本书在观点、内容等方面还存在瑕疵和不成熟之处,日后在以下几个方面不断完善:

(1)在本书研究中,由于领导干部自然资源资产离任审计尚处于试点阶段,该项审计开展的详细资料无法获得,本书仅根据是否开展领导干部自然资源资产离任审计这一虚拟变量作为主要解释变量,并不完善,也不够严谨,可能更会引致结论的偏差,需要日后从多方面多角度进行研究。

(2)鉴于"领导干部资源环境责任意识"这一变量具有不易观察性,本书以领导干部在《政府工作报告》中对资源环境责任的"注意力"作为替代指标。在手工收集《政府工作报告》中相关字词的频率时,由于各地报告表述内容和方式不尽相同,数据获取往往需要借助笔者主观判断,因此,判断偏差及操作瑕疵在所难免。

(3)由于我国并未明确要求所有企业必须披露《社会责任报告》《环境报告书》以及《可持续发展报告》,而且披露这些报告的上市公司也并不是都按统一格式披露企业环保投资支出数据,企业环保投资支出明细资料并不完整也不完善。

这些因素都可能会影响最终的研究结果及研究的深度,笔者将会在以后的学习和研究中,随着资料的后续获得继续完善和丰富。

二、进一步研究方向

（一）研究主题的深入

推行并完善自然资源资产离任审计制度，并非一朝之功，是一项艰巨、复杂且持久的任务。伴随着该项审计的不断推进，在完善该审计的同时，也不断会有新问题涌现出来。因此，研究如何提高该项审计质量，更好地发挥其作用，有着重要的理论价值和实践意义。但由于缺乏这方面的公开数据，如自然资源资产负债表以及自然资源资产离任审计报告，因此无法对此展开深入研究。本书仅选择各地区是否开展该项审计这一虚拟变量，以研究领导干部自然资源资产离任审计发挥什么样作用的课题。因此，在后续研究中，随着自然资源资产离任审计工作的不断推进，资料的不断完善，还需要从多个角度进行深入研究，不断丰富研究成果。

（二）研究内容的丰富

受限于数据的可获得性和精度，本书仅仅研究自然资源资产离任审计对领导干部资源环境责任意识、资源环境管理行为、地区资源环境质量以及相关企业环保投资规模的影响。随着资料的健全，还可通过自然资源资产离任审计报告中观察到的约束与激励机制，进一步研究对领导干部的潜在影响，比如是否对领导干部未来政治生涯有影响。此外，2018年3月，我国将原国土资源部、原国家海洋部以及国家测绘地理信息局整合，组建为自然资源部，以负责对自然资源开发利用和保护进行监督，这一组织的重大改革，可能会给自然资源资产离任审计带来影响，这也为本书进一步研究提供了契机。

（三）研究方法的改善

在检验领导干部自然资源资产离任审计政策效果时，本书采用双重差分模型（Difference in Difference model），通过对比政策发生前后处理组和对照组之间变动的差异,来检验政策干预效果,这一方法在相关政策评价中得到广泛使用。借助该方法,评价领导干部自然资源资产离任审计的政策后果,是目前与研究主题比较匹配的研究方法。随着计量经济学和统计软件的日益发展与更新,相关数据资料的公开与详尽,本书还可以借助进一步研究,为研究提供更充实的实证证据。

参考文献

[1] Age J., P.Meklin, and L.Oulasvirta, et al. Performance Auditing in Local Government: An Exploratory Study of Perceived Efficiency of Municipal Value for Money Auditing in Finland and Norway [J]. European Accounting Review, 2001, 10 (3): 583-599.

[2] Ambec, S., and P. Barla. Can Environmental Regulations Be Good for Business? An Assessment of the Porter Hypothesis [J]. Energy Studies Review, 2006, 14 (2): 42-62.

[3] Arouri, M.E.H., G.M.Caporale, and C.Rault, et al. Environmental Regulation and Competitiveness: Evidence from Romania [J]. Ecological Economics, 2012 (81): 130-139.

[4] Avis E., C.Ferraz, and F.Finan. Do Government Audits Reduce Corruption? Estimating the Impacts of Exposing Corrupt Politicians [R]. Textos Para Discussão, 2016.

[5] Audit of Natural Resources Canada [EB/OL]. http://www.psc-cfp.gc.ca.

[6] Becker R., and V.Henderson. Effects of Air Quality Regulations on Polluting Industries [J]. Journal of Political Economy, 2000, 108 (2): 379-421.

[7] Becker R.A. Local Environmental Regulation and Plant-level Produc-

tivity [J]. Ecological Economics, 2011, 70 (12): 2516-2522.

[8] Cai, H., Y.Chen, and Q.Gong. Polluting Thy Neighbor: Unintended Consequences of China's Pollution Reduction Mandates [J]. Journal of Environmental Economics & Management, 2018 (76): 86-104.

[9] Cameron, W.. Public Accountablity: Effectiveness, Equity, Ethics [J]. Australian Journal of Public Administration, 2004, 63 (4): 59-67.

[10] Chen, Y.C., M.Hung, and Y.Wang. The effect of mandatory CSR disclosure on firm profitability and social externalities: Evidence from China [J]. Journal of Accouting and Economics, 2018, 65 (1): 169-190.

[11] Cheung, S.N.S. The Structure of a Contract and the Theory of a Non-Exclusive Resource [J]. Journal of Law & Economics, 1970, 13 (1): 49-70.

[12] Chiasson, M.W., and E. Davidson. Taking industry seriously in information systems research [J]. MIS Quarterly, 2005, 29 (4): 591-605.

[13] Coase, R.H. The Problem of Social Cost. Classic Papers in Natural Resource Economics [R]. Palgrave Macmillan UK, 1960.

[14] Copeland, B.R., M.S.Taylor. Trade and the Environment: A Partial Synthesis [J]. American Journal of Agricultural Economics, 1995, 77 (3): 765-771.

[15] Dasgupta, S., B.Laplante, and N.Mamingi. Pollution and Capital Markets in Developing Countries [J]. Social Science Electronic Publishing, 2001, 42 (3): 310-335.

[16] Dean, T.J, and R.L. Brown. Pollution Regulation as a Barrier to New Firm Entry: Initial Evidence and Implications for Future Research [J]. Academy of Management Journal, 1995, 38 (1): 288-303.

[17] Dean, T.J, and J.S. Mcmullen. Toward A Theory of Sustainable Entrepreneurship: reducing environmental degradation through entrepreneurial

action [J]. Journal of Business Venturing, 2007, 22 (1): 0-76.

[18] Determining Probable and Reasonably Estimable for Environmental Liabilities in the Federal Government [EB/OL]. www.fasab.gov/pdffiles/hand-booktr_2.pdf.

[19] Division.U.N.S., System of Environmental-economic Accounting 2012: Central Framework [R]. World Bank Publication, 2017.

[20] Environmental Liabilities Best Practices Guide. www.dod.mil/comptroller/fiar.

[21] Farzin, Y.H., and P.M. Kort. Pollution Abatement Investment with Environmental Regulation is Uncertain [J]. Journal of Public Economic Theory, 2000, 2 (2): 183 -212.

[22] Gray, A., and W. Jenkins. Accountable Management in British Central Government: Some Reflections on the Financial Management Initiative [J]. Financial Acountability and Management, 1986, 2 (3): 71-86.

[23] Gray, W.B., and R.J. Shadbegian. Environmental Regulation, Investment Timing, and Technology Choice [J]. Journal of Industrial Economics, 1998, 46 (2): 235-256.

[24] Gray, A., and W.I. Jenkins. Accountable Management In British Central Government: Some Reflections On the Financial Management Initiative [J]. Financial Accountability & Management, 2010, 2 (3): 171-186.

[25] Halliday, M.A.K. Towards A Language-based Theory of Learning [J]. Linguistics and Education, 1993, 5 (2): 93-116.

[26] Hartwick, J., Natural Resource, National Accounting and Economic Depreciation [J]. Journal of Public Economics, 1990 (43) 3: 291-304.

[27] Hering, L., and S.Poncet. Environmental Policy and Exports: Evidence from Chinese Cities [J]. Journal of Environmental Economics and Man-

agement, 2014, 68 (2): 296-318.

[28] Jaffe, A.B., R.G. Newell, and R.N. Stavins. Technological Change and the Environment [J]. Environmental and Resources Economics, 2002 (22): 41-69.

[29] Javorcik, B.S., and S.J. Wei. Pollution Havens and Foreign Direct Investment: Dirty Secret or Popular Myth? [J]. Journal of Economic Analysis and Policy, 2004, 4 (2).

[30] Jebaraj, S., and S.Iniyan. A Review of Energy Models [J]. Renewable & Sustainable Energy Reviews, 2006, 10 (4): 28 -311.

[31] Jorgenson, D.W., and P.J. Wilcoxen. Environmental Regulation and U.S. Economic Growth [J]. Rand Journal of Economics, 1990, 21 (2): 314-340.

[32] Kaufmann, D., A. Kraay, and M. Mastruzzi. Governance Matters VIII: Aggregate and Individual Governance Indicators [R]. Social Science Electronic Publishing, 1996-2008.

[33] Keller, W., and A.Levinson. Pollution Abatement Costs and Foreign Direct Investment Inflows to U.S.States [J]. Review of Economics and Statistics, 2002, 84 (4): 691-703.

[34] Kelejian, H.H., and I.R. Prucha. Specification and Estimation of Spatial Autoregressive Models with Autoregressive and Heteroskedastic Disturbances [J]. Journal of Econometrics, 2010, 157 (1): 53-67.

[35] Kolstad, C.D. Learning and Stock Effects in Environmental Regulation: The Case of Greenhouse Gas Emission [J]. Journal of Environmental Economics and Management, 1996, 31 (1): 1-18.

[36] Kumara, S., and S.Managi. Environment and Productivities in Developed and Developing Countries: The Case of Carbon Dioxide and Sulfur

Dioxide [J]. Journal of Environmental Management, 2010, 91 (7): 1580-1592.

[37] Kumar, A., N.Kumar, and P.Baredar, et.al. A Review on Biomass Energy Resources, Potential, Conversion and Policy in India [J]. Renewable and Sustainable Energy Reviews, 2015 (45): 530-539.

[38] Lanjouw, J.O., and A.Mody. Stimulating innovation and the international, diffusion of environmentally responsive technology: the role of expenditures and institutions [J]. Research Policy, 1995, 25 (4): 549-571.

[39] Lanoie, P., J.Laurent-Lucchetti, and N.Johnstone, et al. Environmental Policy, Innovation and Performance: New Insights on the Porter Hypothesis [J]. Journal of Economics & Management Strategy, 2011, 20 (3): 803-842.

[40] Leiter, A.M., A. Parolini, and H.Winner. Environmental regulation and investment: Evidence from EuropeanIndustry Data [J]. Ecological Economics, 2011, 70 (4): 759- 770.

[41] Levinson, A., and M.S.Taylor. Unmasking the Pollution Haven Effect [J]. International Economic Review, 2008, 49 (1): 223-254.

[42] List, J.A., W.W.McHone, and D.L. Millimet. Effects of Environmental Regulation on Foreign and Domestic Plant Births: Is there a Home Field Advantage? [J]. Journal of Urban Economics, 2004, 56 (2): 303-326.

[43] Liu, W.B., W.Meng, and X.X.Li, et al. DEA Models with Undesirable Inputs and Outputs [J]. Annals of Operations Research, 2010, 173 (1): 177-194.

[44] Martin, J.R. Modelling Context: A Crooked Path of Progress in Contextual Linguistics. In M. Ghadessy (ed). Text and Context in Functional Linguistics [M]. Philadelphia: John Benjamins Publishing Company, 1999.

[45] Martin, J. Public Accountability in Local Governance: The Role of

the Local Authority [R]. International Research Colloquium, Queen's University Belfast 20-22 October 2005.

[46] Maxwell, J.W., and C.S. Decker. Voluntary Environmental Investment and Responsive Regulation [J]. Environmental & Resource Economics, 2006, 33 (4): 425- 439.

[47] National Land & Water Audit: Monitoring & Evaluation Of Australia's Natual Resources [EB/OL]. http: //www.nlwra.gov.au.

[48] Natural Resources and Environment Board (NREB) Sarawak.Guidelines for Natural Resources and Environment (Audit) Rules [R]. 2008.

[49] OECD. Assessing Environmental Management Capacity: Towards a Common Reference Framework [D]. OECD Environment Working Papers, No. 8, OECD Publishing, 2009.

[50] Orsato, R.J. Competitive Environmental Strategies: When Does It Pay to be Green? [J]. California Management Review, 2006, 48 (2): 127-143.

[51] Porter, M. American's Green Strategy [J]. Scientific American, 1991, 264 (4): 168.

[52] Porter, M.E., and C.V.D. Linde. Toward a New Conception of the Environment Competitiveness Relationship [J]. Journal of Economic Perspectives, 1995, 9 (4): 97-118.

[53] Robert, D.K. A Resource-based View of Green Supply Management [J]. Transportation Research, 2011 (5): 872-885.

[54] Romzek, B.S., and M.J. Dubnick. Accountability in the Public Sector: Lessons from the Challenger Tragedy [J]. Public Administration Review, 1987, 47 (3): 227-238.

[55] Rubashkina, Y., M. Galeotti, and E.Verdolini. Environmental Reg-

ulation and Competitiveness: Empirical Evidence on the Porter Hypothesis from European Manufacturing Sectors [J]. Energy Policy, 2015, 83: 288-300.

[56] Sanchez-Vargas, A., R. Mansilla-Sanchez, and A. Aguilar-Ibarra. An Empirical Analysis of the Nonlinear Relationship Between Environmental Regulation and Manufacturing Productivity [J]. Journal of Applied Economics, 2013, 16 (2): 357-372.

[57] Saygili, and Meryem. Pollution abatement costs and productivity: does the type of cost matter? [J]. Letters in Spatial and Resource Sciences, 2016, 9 (1): 1-7.

[58] Sinclair, A. The Chameleon of Accountability: Forms and Discourses [J]. Accounting, Organizations and Society, 1995, 20 (2/3): 219-237.

[59] Vardon, M., P.Burnett, and S. Dovers. The accounting push and the policy pull: Balancing environment and economicdecisions [J]. Ecological Economics, 2016 (124): 145-152.

[60] Walter, I., and J.L. Ugelow. Environmental Policies in Developing Countries [J]. Ambio, 1979, 8 (2/3): 102-109.

[61] Wang, H., and D. Wheeler. Endogenous Enforcement and Effectiveness of China's Pollution Levy System [D]. Policy Research Working Paper, 2000.

[62] Wang, H., and D. Wheeler. Financial Incentives and Endogenous Enforcement in China's Pollution Levy System [J]. Journal of Environmental Economics and Management, 2005, 174-196.

[63] Wolfslehner, B., and H.Vacik. Evaluating Sustainable Forest Management Strategies with the Analytic Network Process in a Pressure-State-Response Framework [J]. Journal of Environmental Management, 2008, 88 (1): 1-10.

[64] Wu, H., H.Guo, and B.Zhang, et al. Westward Movement of New Polluting Firms in China: Pollution Reduction Mandates and Location Choice [J]. Journal of Comparative Economics, 2017, 45 (1): 119-138.

[65] Yang, C.H., Y.H.Tseng, and C.P. Chen. Environmental Regulations, Induced R&D, and Productivity: Evidence from Taiwan's Manufacturing Industries [J]. Resource and Energy Economics, 2012, 34 (4): 514-532.

[66] Yu, H. H., M. Edmunds, and A.Lora-Wainwright, et al. Governance of the Irrigation Commons under Integrated Water Resources Management-A Comparative Study in Contemporary Rural China [J]. Environmental Science & Policy, 2016, 55: 65-74.

[67] 安徽省审计厅课题组，戴克柱. 对自然资源资产离任审计的几点认识 [J]. 审计研究，2014 (6): 3-9.

[68] 蔡春，陈晓媛. 关于经济责任审计的定位、作用及未来发展之研究 [J]. 审计研究，2007 (1): 10-14.

[69] 蔡春，毕铭悦. 关于自然资源资产离任审计的理论思考 [J]. 审计研究，2014 (5): 3-9.

[70] 陈波. 经济责任审计的若干基本理论问题 [J]. 审计研究，2005 (5): 84-88.

[71] 陈波. 论产权保护导向的自然资源资产离任审计 [J]. 审计与经济研究，2015 (5): 15-23.

[72] 陈尘肇. 自然资源资产离任审计明确领导干部环境保护责任 [J]. 中国党政干部论坛，2015 (7): 55-58.

[73] 陈红蕊，黄卫果. 编制自然资源资产负债表的意义及探索 [J]. 环境与可持续发展，2014 (1): 46-48.

[74] 陈献东. 开展领导干部自然资源资产离任审计的若干思考 [J]. 审计研究，2014 (5): 15-19.

[75] 陈兴荣，王来峰，余瑞祥. 基于政府环境政策的企业主动环境行为研究 [J]. 软科学，2012，26（11）：80-84.

[76] 陈怡秀，胡元林. 重污染企业环境行为影响因素实证研究 [J]. 科技管理研究，2016，36（13）：260-266.

[77] 崔孟修. 经济责任审计对国家审计的丰富和发展 [J]. 审计研究，2007（6）：21-26.

[78] 范玉波，刘小鸽. 基于空间替代的环境规制产业结构效应研究 [J]. 中国人口·资源与环境，2017，27（10）：30-38.

[79] 高占江. 对县长经济责任审计的理性思考 [J]. 审计研究，2007（4）：42-44.

[80] 耿建新，胡天雨，刘祝君. 我国国家资产负债表与自然资源资产负债表的编制与运用初探——以 SNA 2008 和 SEEA 2012 为线索的分析 [J]. 会计研究，2015（1）：15-24.

[81] 谷树忠. 自然资源资产及其负债表编制与审计 [J]. 中国环境管理，2016，8（1）：30-33.

[82] 郭旭. 领导干部自然资源资产离任审计研究综述 [J]. 审计研究，2017（2）：25-30.

[83] 韩梅芳，张琴，王玮. 环境审计、政府激励约束机制与地方经济发展研究——基于自然资源资产负债表的构建 [J]. 财会通讯，2015（22）：99-102.

[84] 胡文龙. 自然资源资产负债表基本理论问题探析 [J]. 中国经贸导刊，2014（10）：62-64.

[85] 胡智强，余冬梅. 经济责任审计制度的定位与规范重塑——以十九大报告关于改革审计管理体制精神为基点 [J]. 审计与经济研究，2018（1）：13-20.

[86] 黄溶冰，单建宁，时现. 绿色经济视角下的党政领导干部经济责

任审计[J].审计研究,2010(4):33-36.

[87] 黄溶冰.经济责任审计的审计发现与问责悖论[J].中国软科学,2012(5):182-192.

[88] 黄溶冰,赵谦.自然资源资产负债表编制与审计的探讨[J].审计研究,2015(1):37-43.

[89] 黄溶冰.基于PSR模型的自然资源资产离任审计研究[J].会计研究,2016(7):89-95.

[90] 蒋伏心,王竹君,白俊红.环境规制对技术创新影响的双重效应——基于江苏制造业动态面板数据的实证研究[J].中国工业经济,2013(7):44-55.

[91] 姜锡明,许晨曦.环境规制、公司治理与企业环保投资[J].财会月刊(下),2015(27):9-13.

[92] 李博英,尹海涛.领导干部自然资源资产离任审计的理论基础与方法[J].审计研究,2016(5):32-37.

[93] 李江涛,苗连琦,梁耀辉.经济责任审计运行效果实证研究[J].审计研究,2011(3):24-30.

[94] 李金龙,游高瑞.地方政府环境治理能力提升的路径依赖与创新[J].求实,2009(3):56-59.

[95] 李明辉,何海,马夕奎.我国上市公司内部控制信息披露状况的分析[J].审计研究,2003(1):38-43.

[96] 李兆东.环境机会主义、问责需求和环境审计[J].审计与经济研究,2015,30(2):33-42.

[97] 林忠华.领导干部自然资源资产离任审计探讨[J].审计研究,2014(5):10-14.

[98] 刘宝财.基于自然资源资产责任审计评价指标体系研究[J].财政监督,2016(8):98-100.

［99］刘更新，蔡利.审计管制、审计责任与审计质量研究——基于法律标准不确定性影响的分析［J］.审计研究，2010（3）：67-74.

［100］刘明辉，孙冀萍.领导干部自然资源资产离任审计要素研究［J］.审计与经济研究，2016（4）：12-20.

［101］刘明辉，孙冀萍.论领导干部自然资源资产离任审计评价体系的构建［J］.商业会计，2016（18）：12-15.

［102］刘瑞明.国有企业、隐性补贴与市场分割：理论与经验证据［J］.管理世界，2012（4）：21-32.

［103］刘笑霞，李明辉.苏州嵌入领导干部经济责任审计的区域环境审计实践及其评价［J］.审计研究，2014（6）：10-15.

［104］马志娟，韦小泉.生态文明背景下政府环境责任审计与问责路径研究［J］.审计研究，2014（6）：16-22.

［105］马珩，张俊，叶紫怡.环境规制、产权性质与企业环保投资［J］.干旱区资源与环境，2016，30（12）：47-52.

［106］彭星，李斌.不同类型环境规制下中国工业绿色转型问题研究［J］.财经研究，2016，42（7）：134-144.

［107］蒲丹琳，王善平.官员晋升激励、经济责任审计与地方政府投融资平台债务［J］.会计研究，2014（5）：88-93.

［108］钱水祥.县级党政主要领导干部自然资源资产离任审计研究［J］.审计研究，2016（4）：15-19.

［109］全进，刘文军，谢帮生.领导干部自然资源资产离任审计、政治关联与权益资本成本［J］.审计研究，2018（2）：46-54.

［110］邵帅，范美婷，杨莉莉.资源产业依赖如何影响经济发展效率？——有条件资源诅咒假说的检验及解释［J］.管理世界，2013（2）：32-63.

［111］沈坤荣，金刚，方娴.环境规制引起了污染就近转移吗？［J］.经济研究，2017，52（5）：44-59.

[112] 沈能，刘凤朝.高强度的环境规制真能促进技术创新吗？——基于"波特假说"的再检验[J].中国软科学，2012（4）：49-59.

[113] 唐国平，李龙会，吴德军.环境管制、行业属性与企业环保投资[J].会计研究，2013（6）：83-89.

[114] 王翠琳，蔺全录，李莉.基于经济责任审计的我国党政领导干部责任履行情况研究[J].南京审计大学学报，2015，12（3）：53-61.

[115] 王帆，张龙平.贿赂、声誉与经济责任审计——以项目招标为背景[J].中央财经大学学报，2014，1（4）：56.

[116] 王光远.强化公共受托责任改进政府绩效评价[J].中国审计，2005（9）：36-36.

[117] 王建明.环境信息披露、行业差异和外部制度压力相关性研究——来自我国沪市上市公司环境信息披露的经验证据[J].会计研究，2008（6）：54-62.

[118] 王京芳，王露，曾又其.企业环境管理整合性架构研究[J].软科学，2008，25（1）：147-150.

[119] 王印红，李萌竹.地方政府生态环境治理注意力研究——基于30个省市政府工作报告（2006~2015）文本分析[J].中国人口·资源与环境，2017，27（2）：28-35.

[120] 王泽霞，江乾坤.自然资源资产负债表编制的国际经验与区域策略研究[J].商业会计，2014（17）：6-10.

[121] 吴高明，吴晓簿，吴高升等.环境壁垒的成因分析[J].经济问题探索，2010（3）：99-103.

[122] 吴建南，岳妮.利益相关性是否影响评价结果客观性：基于模拟实验的绩效评价主体选择研究[J].管理评论，2007，19（3）：58-62.

[123] 吴勋，王雨晨.财政分权、经济责任审计功能与官员腐败——基于省级面板数据的实证研究[J].经济问题，2016（12）：124-128.

[124] 肖兴志，李少林. 环境规制对产业升级路径的动态影响研究[J]. 经济理论与经济管理，2013，33（6）：102-112.

[125] 徐保昌，谢建国. 排污征费如何影响企业生产率：来自中国制造业企业的证据[J]. 世界经济，2016（8）：143-168.

[126] 徐康宁，王剑. 自然资源丰裕程度与经济发展水平关系的研究[J]. 经济研究，2006（1）：78-89.

[127] 徐现祥，王贤彬. 晋升激励与经济增长：来自中国省级官员的证据[J]. 世界经济，2010（2）：15-36.

[128] 薛芬，李欣. 自然资源资产离任审计实施框架研究以创新驱动发展为导向[J]. 审计与经济研究，2016，31（6）：20-27.

[129] 杨喆. 环境规制强度与工业结构绿色转型——来自山东省工业企业的经验证据[J]. 山东大学学报（哲学社会科学版），2018，231（6）：112-120.

[130] 原毅军，耿殿贺. 环境政策传导机制与中国环保产业发展[J]. 中国工业经济，2010（10）：65-74.

[131] 原毅军，谢荣辉. 环境规制与工业绿色生产率增长——对"强波特假说"的再检验[J]. 中国软科学，2016（7）：144-154.

[132] 原毅军，苗颖，谢荣辉. 环境规制绩效及其影响因素的实证分析[J]. 工业技术经济，2016，35（1）：92-97.

[133] 韵方. 中国审计学会经济责任审计研讨会综述[J]. 审计研究，2001（6）：42-44.

[134] 张成，陆旸，郭路等. 环境规制强度和生产技术进步[J]. 经济研究，2011（2）：113-124.

[135] 张宏亮，刘恋，曹丽娟. 自然资源资产离任审计专题研讨会综述[J]. 审计研究，2014（4）：58-62.

[136] 张建华，李先枝. 政府干预、环境规制与绿色全要素生产率——

来自中国30个省、市、自治区的经验证据[J].商业研究,2017(10):162-170.

[137] 张江雪,蔡宁,杨陈.环境规制对中国工业绿色增长指数的影响[J].中国人口·资源与环境,2015,25(1):24-31.

[138] 张鲁娜.自然资源资产离任审计[J].经济研究导刊,2014(19):169-171.

[139] 张琦,谭志东.领导干部自然资源资产离任审计的环境治理效应[J].审计研究,2019(1):16-23.

[140] 张阳,张霖琳,蔡祺.经济责任审计制度溢出效应促进财政资金配置效率的实证研究[J].财政研究,2017(3):58-72.

[141] 张以宽.论环境审计与环境管理[J].审计研究,1997(3):23-30.

[142] 张友棠,刘帅,卢楠.自然资源资产负债表创建研究[J].财会通讯,2014(10):6-9.

[143] 张勇.经济责任审计理论研究述评——基于国内1987~2007年研究的分析[J].审计研究,2009(3):21-27.

[144] 郑石桥,陈丹萍.机会主义、问责机制和审计[J].中南财经政法大学学报,2011(4):129-134.

[145] 郑石桥.政府审计对公共权力的制约与监督:基于信息经济学的理论框架[J].审计与经济研究,2014(1):11-18.

[146] 郑颖.经济责任审计在政府问责制建设中的作用研究[J].审计研究,2009(3):30-34.

[147] 钟茂初,李梦洁,杜威剑.环境规制能否倒逼产业结构调整——基于中国省际面板数据的实证检验[J].中国人口·资源与环境,2015,25(8):107-115.

[148] 周黎安.中国地方官员的晋升锦标赛模式研究[J].经济研究,2007(7):36-50.

后 记

领导干部自然资源资产离任审计作为资源环境治理的重要方式，是我国经济新常态下重要的制度创新，研究该课题，具有重要的理论意义和现实价值。本书对领导干部自然资源资产离任审计政策后果进行了较为全面的分析和总结，但其中仍有很多问题需要在今后的学习和研究中进一步探索。

回顾多年的求学生涯，思绪万千，久久不能平静。在书完稿之际，许多感激之情涌溢心头。在这段难忘的学习中，自己的每一点进步和成长，无不凝聚着太多人的指导、鼓励和关心。在此之际，我要向他们表示深深的感谢！

必须首先感谢恩师刘明辉教授。全书的选题、写作、修改、定稿，导师都给予了悉心的指导，倾注了大量的心血。多年来，刘老师渊博深厚的知识、严格求实的治学、谦和儒雅的处世、坦荡宽容的胸怀和对事业的执着追求、对学生"贱尺璧而重寸阴"的谆谆教导，都给我留下了深刻的印象，这将是我受益终身的宝贵财富。同时，还要感谢师母胡老师在生活上的很多关爱。寥寥数语，实难表达对恩师的感激之情。导师关爱，终生不忘。

感谢在攻读博士学位期间给我教导的各位师长，东北财经大学会计学院各位老师的精彩授课和悉心教导，使我开阔了视野，受益匪浅。感谢李延喜教授、同门师姐常丽教授及陈艳教授在开题过程中提出的宝贵意见，这些意见为本书的写作过程指明了方向。感谢姜英兵教授、刘行教授、同门师姐祁渊教授、陈仕华教授以及匿名评审专家在预答辩过程中提出的宝贵意见。也感谢师兄师弟师姐师妹们，他们无论是在生活上还是学习上都给了我极大的帮助和支持，避免了很多弯路和挫折，他们是樊子君博士、汪寿成博士、李凯博士、王恩山博士、李智慧博士、王扬博士、赵存丽博士、曲明博士、毕华书博士、乔贵涛博士、李冰慧博士、汪玉兰博士等。

感谢我的博士同学们，几年的同窗求学，你们给了我莫大的关怀和支持，这些点点滴滴将是我终身受用的宝贵财富，也将是我一段珍贵的回忆。千言万语，难以言表，由衷地在此说一声"谢谢"！

感谢含辛茹苦的父母、亲爱的老公和可爱的儿子，感谢所有爱我的和我爱的人，是你们给了我完成学业的动力、勇气和信心。特别感谢我的母亲，在多年的学习中，帮我承担了照顾儿子的任务，没有她的付出，我将无法安心学习，完成学业。也非常感谢我的儿子对我学习的支持和包容，多年来妈妈没能陪你一同度过难忘的成长时期。感谢我的先生，没有他的理解、付出、支持和鼓励，我将不能如期完成论文。感谢我的朋友们，他们给予我的无私关怀和帮助，无时无刻不督促我奋发图强。

孙冀萍